MUANA CONGO, MUANA NZAMBI A MPUNGU

Poder e Catolicismo no
reino do Congo pós-restauração
(1769-1795)

Thiago Clemêncio Sapede

MUANA CONGO, MUANA NZAMBI A MPUNGU

Poder e Catolicismo no
reino do Congo pós-restauração
(1769-1795)

alameda

Copyright © 2014 Thiago Clemêncio Sapede

Grafia atualizada segundo o Acordo Ortográfico da Língua Portuguesa de 1990, que entrou em vigor no Brasil em 2009.

Publishers: Joana Monteleone/Haroldo Ceravolo Sereza/Roberto Cosso
Edição: Joana Monteleone
Editor assistente: João Paulo Putini
Projeto gráfico, diagramação e capa: Gabriel Patez Silva
Assistente acadêmica: Danuza Vallim
Revisão: Maria da Glória

Imagem de capa: Eckhout, Albert (1610-1666). *Principum quidam Chilensium forsan*. The National Museum of Denmark, Ethnographic Collection, Copenhague. 55 x 35 cm

CIP-BRASIL. CATALOGAÇÃO NA PUBLICAÇÃO
SINDICATO NACIONAL DOS EDITORES DE LIVROS, RJ

S243m

Sapede, Thiago Clemêncio
MUANA CONGO, MUANA NZAMBI A MPUNGU: PODER E CATOLICISMO NO REINO DO CONGO PÓS-RESTAURAÇÃO (1769-1795)
Thiago Clemêncio Sapede - 1. ed.
São Paulo : Alameda, 2014
290p. ; 21 cm

Inclui bibliografia
ISBN 978-85-7939-263-4

1. Congo - História. 2. Congo (República Democrática) - História - Até 1908. I. Título.

14-10872 CDD: 966.05
          CDU: 966.05

alameda casa editorial
Rua Conselheiro Ramalho, 694 – Bela Vista
CEP 01325-000 – São Paulo, SP
Tel. (11) 3012-2400
www.alamedaeditorial.com.br

A pàdé olóònòn e mo juba Òjísè
Àwa sé awo, àwa sé awo, àwa sé awo
Mo júbà Òjisè.

Sumário

Prefácio, por John K. Thornton 11

Nota sobre ortografia em quicongo 17

Introdução 19

Capítulo 1: Traduções e Incorporações: uma leitura da historiografia sobre o Congo 37

    Trabalhos antropológicos 41

    História e cosmologia 48

    Similitudes e incorporação 55

Capítulo 2: "Renovar a Antiga amizade": missão e o "negócio dos brancos" 63

    Fragmentação econômica e trafico de escravos 66

    Comércio de escravizados na costa congolesa 69

    Interlocutores e intencionalidades nos textos missionários 80

    Coroa portuguesa e o financiamento da missão 89

    D. José I Nepaxi Giacana e a reconquista de S. Salvador 95

    D. Afonso V Necanga a Canga e a ofensiva diplomática portuguesa 102

O fracasso do projeto comercial português 107

Capítulo 3: Catolicismo e Poder Central 121

Unificação e organização política pós-unificação 123

Quimpanzo e Quinlaza e o debate sobre as *makanda* 126

D. Afonso I Mvemba a Nzinga e a africanização política do catolicismo 138

Títulos nobiliárquicos europeus apropriados 149

Príncipe e nelumbo: os "reis de fora" 153

Mani Vunda e os espíritos locais 156

A Mbanza de S. Salvador e legitimidade Política do Mani Congo 165

Cavaleiros da Ordem de Cristo e a legitimidade do Mani Congo 175

Missionários e o Mani Congo: negociação, conflito e dependência 181

Capítulo 4: Catolicismo e Poderes Locais 193

Mucondo e Mpemba: as terras da rainha 200

Grão ducado de Mbamba 203

Quibango 207

Mbula dia Lemba e Nsund 211

Oando 214

Soyo 217

Mossul e Ambuíla 224

O sacramento do matrimónio e as elites locais 232

Nlekes, Intérpretes e Mestres: os especialistas rituais locais 242

Escrita, língua portuguesa e poder político 257

Considerações finais 267

Bibliografia 277

Agradecimentos 285

Prefácio

John K. Thornton
Boston University

Há muito tempo o reino do Kongo é conhecido pelos historiadores da África. Sua história tem sido parte primordial da mais abrangente história da África desde que Basil Davidson, em seu célebre livro *Black Mother,* lançou luz sobre a relação entre Kongo e Portugal; e Jan Vansina em seu pioneiro *Kingdoms of Savana de 1965,* evidenciou sua importância no contexto dos estados da Savana centro-ocidental.

Este primeiro olhar historiográfico sobre o Kongo chamou atenção para a relação com os portugueses no contexto de sua chegada ao continente africano e nos anos iniciais de contato. Tratou-se principalmente do reinado de D. Afonso I do Kongo no século XVI, através dos embates entre os intentos cristãos deste soberano frente aos interesses lusos nos períodos iniciais do tráfico de escravos. O testemunho eloquente de Afonso neste contexto, através de cartas enviadas a Portugal, foi amplamente citado pelos autores como um sintoma da captura de africanos nas armadilhas impostas pelos interesses europeus no continente. Posteriormente, os historiadores acabaram por mudar a perspectiva desta história ao dar maior enfoque ao período do século XVII, fartamente documentado pela numerosa presença de padres capuchinhos no Kongo, que permitiu um olhar mais intrínseco para as instituições e os processos históricos kongoleses.

Apesar disso, o século XVIII continuou a ser um período inexplorado pela historiografia, sobre o qual conhecemos poucos reis para além de seus nomes. O consistente corpus documental de tempos anteriores, constituído por relatórios missionários de centenas (quando não milhares) de páginas sobre a vida e as instituições Kongo, minguou a partir de 1720 para um conjunto de sucintos textos de dezenas de páginas. A ausência de fontes fez com que os trabalhos historiográficos dos anos 1960 a 1980 naufragassem em suas incursões históricas pelo período. Assim sendo, o período setecentista acabou por tornar-se uma era obscura da história do Kongo.

Thiago Sapede apresenta agora o primeiro significativo trabalho de história do Kongo no século XVIII em qualquer idioma. Como o pano de fundo para o período, discute os primeiros engajamentos de Afonso com a conversão de seu reino. Em seguida, ao examinar cuidadosamente suas fontes, traz reflexões sobre as possibilidades e limites do uso da documentação de autoria europeia para a reconstrução histórica do período. Após este prelúdio, o autor avança às décadas finais do século XVIII, conseguindo superar as dificuldades impostas pelo vazio documental e historiográfico, o que consiste em sua maior contribuição.

Grande parte da historiografia clássica sobre o Kongo utilizou os curtos relatórios de Cherubino da Savona e Raimundo da Dicomano para informar o pouco que sabemos sobre o período. Mas neste trabalho, Sapede vai além ao analisar minuciosamente o mais completo documento histórico disponível: o texto do missionário franciscano Rafael Castelo de Vide. Este relatório descreve em detalhes o período de 1780 a 1788 de forma semelhante ao que faziam os capuchinhos do século anterior.

O resultado do trabalho de Sapede é um vívido resgate da vida e das instituições no Kongo a partir das profundezas daquilo que foi considerado um período de intenso declínio. Muitos estudiosos argumentaram que na sequencia da devastadora guerra civil seguida da derrota sofrida na guerra de Mbuwila em 1665, o reino do Kongo teria sofrido abrupta derrocada. Apesar de haver poucas dúvidas sobre o fato de que a centralização de poder realmente tenha decaído, Sapede nos mostra que muitas outras instituições do reino se mantiveram, ainda que o Kongo tenha passado por longas e destrutivas guerras civis.

O Kongo do século XVIII era majoritariamente simbólico e o poder havia migrado para as províncias. Entretanto, estabeleciam-se significativas conexões por via do catolicismo, que neste ponto encontrava-se amplamente no controle kongolês, uma vez que existiam pouquíssimos padres europeus no território. Sapede demonstra claramente que as práticas cristãs não desapareceram do Kongo quando a centralização política enfraqueceu, e ao invés disso, tornou-se elemento constitutivo de sua identidade nacional.

O século XVIII é um período de particular relevância, devido às guerras civis e ao apogeu do tráfico de escravos que levaram numerosos kongoleses para as Américas. Não somente ao Brasil, para onde foram aos milhares, mas também às colônias francesas e inglesas. Neste sentido, o conhecimento da história do Kongo no século XVIII é de vital importância não apenas aos estudos africanistas, mas também às pesquisas sobre o contributo africano na história das Américas.

Diante do que foi exposto, pode-se afirmar que o trabalho de Sapede constitui uma importante contribuição para a história da África, Brasil e a diáspora africana de forma geral.

Nota sobre ortografia em Quicongo

Optamos pelo "aportuguesamento" da grafia da maioria dos termos em quicongo, em detrimento do uso da grafia do quicongo moderno. Reproduzimos essencialmente a forma com as quais os termos foram registrados pelas fontes de época, adaptando para o português atual em alguns casos. Desta forma, o leitor nativo em português estará mais próximo foneticamente da pronúncia do quicongo. Seguimos, portanto a indicação do pioneiro africanista brasileiro Alberto da Costa e Silva.

Utilizamos, por exemplo, no título da dissertação: Muana Congo, Muana Nzambi Ampungo ao invés de *Mwana Kongo, Mwana Nzambi Mpungu*" [1] Assim como Mani Congo, frente a *Mwene Kongo* ou Ambuíla ao invés de Mbuwila.

Estamos conscientes de que esta opção coloca-nos em desacordo com a convenção da tradição historiográfica sobre o reino do Congo (majoritariamente norte-americana) e mesmo da escrita moderna do quicongo em Angola. Apesar desta considerável desvantagem, os benefícios em aproximar o leitor lusófono (não familiarizado com o quicongo) da fonética africana parecem-nos justificar a difícil escolha.

---

1   A palavra quicongo "muana" (*mwana*) significa "criança" ou "filho". As fontes do século XVIII nos informam que o título "muana Congo" se referia exclusivamente aos que tinham descendência dos reis do Congo (chamados também de "infantes"). No século XVIII (período pós-restauração) apenas os muana Congo poderiam ser eleitos reis ou chefes de províncias. "muana Nzambi Ampungo" significa literalmente "filho de Deus", termo utilizado nas missões pelos padres europeus para se referirem a Jesus Cristo. Frei Rafael questionava-os perguntando se acreditavam em "muana Nzambi Ampungo" e eles respondiam positivamente para que se prosseguisse a administração dos sacramentos. Por isso, neste título "Muana Congo, Muana Nzambi Ampungo" pretendemos apresentar um jogo de palavras em quicongo que traduz a filiação pelas elites a uma tradição política que vincula poder e cristianismo, alvo central desta pesquisa.

Mapa: Congo e territórios vizinhos no século XVIII[1]

---

1 Desenhamos este mapa com base nas informações territoriais oferecidas por Cherubino da Savona e Frei Rafael Castelo de Vide: Viagem e missão no Congo. Academia das Ciências de Lisboa, MS Vermelho 296. Toso, Carlo. *Relazioni inedite di P. Cherubino Cassinis da Savona sul Regno del Congo e sue Missioni*. In *L'Italia Francescana*. 1975, p. 135-214. Utilizei também mapas dos séculos XVIII e XIX apresentado por Susan Herlin Broadhead: Broadhead, Susan H. *Trade and Politics on the Congo coast*. 1790-1890. Boston University. 197, p. 240, 241. E por John Thornton para período o Congo do século XVII: Thornton, John K. *Kingdom of Kongo. Civil war and Transition 1641-1718*. Madson, Wisconsin Press, 1983. p. 105. *The Kongolese Saint Anthony. Dona Beatriz Kimpa Vita and the Antonian movement*, 1984-1706. Cambridge, Cambridge Univ. Press, 1998, p. 11.

Introdução

O jovem ferreiro Lukeni lua Nimi (Nimi a Lukeni) era filho de Nimi a Zima: chefe político de um território ao norte do rio Congo (Zaire). Apesar de suas muitas virtudes e capacidades, Lukeni era apenas o quarto irmão na linha de sucessão. Inquieto para governar, reivindicou a prerrogativa de cobrar impostos dos súditos, em nome de seu pai. Sua mãe, então grávida, recusou-se a reconhecer sua legitimidade como chefe, negando-se a pagar os tributos que lhe cabiam. Diante da negativa, Lukeni esfaqueou seu ventre, assassinando mutuamente mãe e irmão em gestação: o gesto simbolizou a sua violenta ruptura com a tradição. Lukeni, em seguida, partiu para o sul, atravessando o imenso rio, encontrando um vasto território ocupado por agricultores. Subjulgando-os, centralizou o poder político, tornando-se soberano deste domínio do mesmo nome do caudaloso rio que o demarcava: Congo.[1] Ao fundar esta nova unidade política, Lukeni teria transformado a alcunha *ntinu*: referente aos ferreiros, em um título político que carregariam os governantes do Congo.

Esta narrativa de fundação mítica foi coletada (apresentando diferenças em cada versão) pelos missionários Mateus Cardoso e Giovanni Cavazzi de Montecucculo em meados do

---

1   Thornton, John K. Origin traditions and history in Central Africa. *African Arts.*V. 34. Los Angeles, UCLA African Studies Center, 2004.p 32.

século XVII; exposta pelo historiador John Thornton em trabalhos sobre as origens do reino do Congo.[2]

No ano de 1492, após a sucessão de três gerações de Mani Congos descendentes do fundador Lukeni, o então soberano Nzinga a Kuwu recebeu, ao lado de seu jovem filho e chefe da província de Nsundi: Mvemba a Nzinga, uma comitiva de exploradores portugueses, liderada por Rui de Souza, na capital Mbanza Congo.[3]

Os europeus chegaram pelo mar de um território longínquo, representavam seu chefe político, intitulado "rei", que estava interessado em estabelecer parcerias com o Mani Congo, que portava o título ntinu, seguindo a tradição inaugurada por seu ancestral fundador do Congo.

Esta parceria entre rei e ntinu ofereceria aos membros da alta elite política conguesa de então o acesso a um inédito repertório ritual e material advindo do distante reino de Portugal. Antes mesmo da recepção dos portugueses em Mbanza Congo, alguns congueses estiveram em Lisboa e retornaram no ano de 1485, testemunhando o grande poder do soberano europeu, aprendendo sua língua e costumes religiosos. Foram, portanto, importantes intermediadores dos primeiros contatos.[4]

---

2   Thornton, John K. The origins and early History of the Kingdom of Kongo, 1350-1550. *International Journal of African Historical Studies*, V34, No. 1. Cambridge University Press, 2001, p. 69-83

3   Necessidades, Francisco. *Factos memoraveis da História de Angola*. Boletim Official do Governo Geral da Provincia de Angola no. 642. 16 Janeiro1858, p. 3.

4   Hilton, Anne. *The kingdom of Kongo*. Oxford, Oxfrord, Oxford University Press, 1985, p. 50-69.

O acesso aos novos e poderosos elementos dever-se-ia dar por *ngangas*[5] europeus (padres) especializados nestes cultos através do rito iniciático do batismo. Nzinga a Nkuwu e seu filho Mvemba a Nzinga (e outros seletos membros da elite), após se submeterem ao ritual, ganharam direito de acesso aos novos elementos religiosos, assim como diferentes produtos desconhecidos que vinham de além-mar. Como marca deste privilégio e desta parceria, os dois receberam novos nomes: Nzinga a Kuwu D. João (assim como o soberano português) e o jovem Mvemba a Nzinga foi nomeado D. Afonso.

D. Afonso se dedicou em conhecer e difundir o repertório originário do cristianismo europeu desde seu batismo. Além disso, aprendeu a língua dos portugueses, e fez do uso dela como importante ferramenta para consolidação desta parceria e também para a comunicação com o soberano, rei de Portugal, os padres europeus, assim como com a autoridade máxima no contexto destes novos rituais: o papa. Por isso, dispomos de fontes escritas por este personagem, que trata de diversos temas do contexto destes primeiros contatos. Dentre eles, relatou por carta ao rei português e o papa os conflitos

---

5   *Nganga* é termo em quicongo (e em diversas outras línguas bantu) para "curandeiros" ou "médicos": homens ou mulheres que manipulam forças espirituais e saberes medicinais para curar pessoas ou restabelecer o equilíbrio social. Ao contrário dos ndoki ("feiticeiros") que manipulavam forças mágicas exclusivamente para vantagem própria ou de um cliente, gerando desequilíbrio para a sociedade. Os padres europeus foram identificados como *nganga* desde os primeiros contatos. Ver: Thornton J. K. The development of an African Catholic Church in the Kingdom of Kongo, 1491-1750. *The journal of African History*. Cambridge, Cambridge University Press, 1985, p. 158, 159.

internos pela sucessão do título de ntinu e a posição de Mani Congo após a morte de seu pai Nzinga a Kuwu.[6] Afonso descreveu a batalha que travou contra seu irmão: Mpanzo a Kitima, pela sucessão do poder central no Congo, em aproximadamente 1509. Os partidários de seu rival eram, segundo Afonso, muito numerosos e bem armados. Enquanto ele dispunha apenas de trinta e seis soldados. A derrota de D. Afonso I parecia certa, não fosse o poder religioso advindo do catolicismo:

> (...) começámos a pelejar com os nossos contrários e dizendo os nossos trinta e seis homens inspirados da graça e ajuda de Deus, já fogem, já fogem os nossos contrários se puzeram em desbarato, e foi por eles testemunhado, que viram no ar uma Cruz branca, e bem aventurado Apóstolo Sant'Iago com muitos cavalos armados e vestidos de vestiduras brancas pelejar, matar neles, e foi tão grande o desbarato e mortandade, que foi coisa de grande maravilha.[7]

Notamos que o acesso recente aos elementos do catolicismo (a cruz e o santo guerreiro) constitui-se, no relato, como a principal ferramenta desta mítica vitória que possibilitou a consolidação de D. Afonso I no poder. Os novos elementos religiosos, assim como as novas técnicas (como a escrita) e a parceria com os poderosos líderes europeus (rei de Portugal e

---

6 Thornton J. K. The development of an african Catholic Church in the Kingdom of Kongo, 1491-1750. *The journal of African History*. Cambridge, Cambridge University Press, 1985, p. 150-165.

7 Ferronha, António Luís Alves (org). *Cartas de D. Afonso Rei do Congo*. Lisboa, Comissão pela comemoração dos descobrimentos portugueses, 2000, p. 21.

papa) tornam-se os principais argumentos para a legitimidade do jovem Mani Congo.

Após a vitória, seguiu-se um período de intrínseca relação entre a religião católica e o poder central no reino do Congo. O longo reinado de Afonso I e as inovações políticas e religiosas realizadas pelo soberano fizeram com que seus sucessores continuassem a política de propagação dos novos ritos, insígnias, deidades, dentre outros elementos de origem europeia. Estes elementos do catolicismo tornaram-se, gradativamente (sobretudo durante o longo período afonsino) vinculados ao poder do Mani Congo, que até meados do século XVII gozou de controle sobre os chefes locais das diversas províncias do Congo.

O incentivo à presença de missionários europeus foi estratégia importante dos dirigentes congueses ritualizarem seu poder. A Companhia de Jesus, em franco crescimento, junto à expansão marítima ibérica, ofereceu missionários durante o século XVI. Estes religiosos foram importantes na constituição de escolas de gramática e na catequese das elites locais. Juntamente com intérpretes e mestres catequistas congueses: muitos deles formados em Portugal, que difundiram a língua portuguesa e os preceitos cristãos dentre as altas camadas sociais.[8]

Na batalha sucessória contra seu irmão, D. Afonso I consolidou a si e a sua descendência no poder. O catolicismo tornou-se argumento para realizar a ruptura com a tradição que questionava sua legitimidade como ntinu. Por isso, fomentar as práticas católicas no Congo tornou-se uma estratégia dos

---

8 Thornton, John. The development of an African Catholic Church in the Kingdom of Kongo, p. 166.

sucessores de D. Afonso para reafirmar cotidianamente a nova tradição e rememorar a sua fundação.[9]

Neste trabalho, teremos como objetivo central, investigar a relação entre as práticas católicas e o poder político em um período bastante particular da história conguesa, no século XVIII, trezentos anos após estes primeiros contatos. Os congueses setecentistas, apesar de viverem sob paradigma político diferente, mantiveram intrínseca relação com ritos cristãos, rememorando o glorioso rei D. Afonso I.

Tratemos, finalmente, da narrativa da batalha entre D. Afonso I e Mpanzo a Kitima registrada pelos missionários que escreveram relatórios sobre o Congo nas décadas finais do século XVIII, fontes importante para este trabalho e quase únicas no períodol. Frei Rafael de Vide e Frei Raimundo Dicomano escutaram uma versão semelhantes da memorável vitória de D. Afonso:

> (...) houve também neste Reino no princípio uma coisa memorável, de que há tradição, virem os anjos em defesa do Rei, em uma guerra que lhe faziam seus inimigos, aparecendo no ar cinco braços, que em um instante mataram todos seus inimigos, (...)O motivo da guerra foi porque o Rei então chamado D. Afonso mandou enterrar viva a sua própria mãe, por não querer abraçar a fé Católica, e os parentes vinham por isto fazer guerra ao Rei; pelo que todos morreram.[10]

---

9   Thornton, John K: The origins and early History of the Kingdom of Kongo, p. 69-83.
10 Frei Rafael Castello de Vide. Viagem e missão no Congo, p. 39-41.

Diferentemente da versão da batalha narrada por D. Afonso, que seguia os padrões da narrativa da fundação de Portugal pelo milagre de Ourique, característica do medievo cristão, esta versão africana seguia padrões próprios, semelhantes à narração da fundação mítica do reino do Congo citada anteriormente.

Em ambas as narrativas, Lukeni e Afonso eram filhos de chefes políticos e desejaram herdar o poder dos pais, mas em ambos os casos foram impedidos pelo sistema tradicional de sucessão ("seus parentes"). Considerados ilegítimos pela tradição política vigente, ambos optam por rompê-la. O assassinato das mães (e dos irmãos) nas duas narrativas parece simbolizar esta ruptura. É importante lembrar de que a transmissão da linhagem se dava (principalmente, porém não exclusivamente) de forma matrilinear no Congo, portanto, o assassinato da mãe poderia simbolizar a fundação de um novo núcleo, uma nova tradição. Desta forma, segundo a simbologia presente nas narrativas, ambos os personagens romperam com a ancestralidade tornando-se fundadores de novas tradições políticas, nas quais passam a figurar como ancestrais míticos. Incorporou-se, como consequência, em ambos os casos novos títulos políticos: Lukeni tornou-se ntinu; Afonso tornou-se rei.

Para a mentalidade política do século XVIII, os elementos do catolicismo[11] aparecem como justificadores da ruptura com a tradição vigente e de uma fundação (ou refundação)

---

11 Por "elementos católicos" ou "do catolicismo" entendemos: conjunto de sacramentos, insígnias, rituais, além dos templos e o próprio clero oriundos originalmente do catolicismo e apresentado aos congoleses por europeus durante os primeiros séculos de contato.

do reino do Congo por D. Afonso I nos mesmos moldes de Lukeni. D. Afonso tornou-se, neste período, o principal referencial para um sistema baseado numa tradição de outrora.

Congo pós-restauração:[12] Pesquisas e Fontes

O reino do Congo foi uma das sociedades africanas mais estudadas pela historiografia ocidental. Os motivos pelos quais esta sociedade foi posta em tamanha evidência são bastante compreensíveis. Primeiramente, ocorreu no Congo intenso contato por mais de três séculos com europeus, primordialmente missionários, que nos legaram fontes escritas, raras para o estudo de outras sociedades africanas do período. Outro fator foi sua estrutura política, que para o olhar europeu possuía semelhanças significativas com o modelo dos reinos e cortes características do antigo regime europeu. E por último, não desvinculada das anteriores, temos o fator religioso. Desde décadas finais do século XV, a elites política conguesas demonstrou interesse em incorporar ritos e símbolos católicos, apresentados pelos então parceiros portugueses. Graças à centralização política no período dos primeiros contatos com o catolicismo, e em períodos subsequentes, os soberanos do Congo puderam incentivar (ou

---

12 Compreendemos como período pós-restauração o período que se inicia em 1709, com a reunificação do poder central e reocupação de Mbanza Congo pelo rei Pedro IV e se segue até meados do século XIX. Nosso recorte não será todo o período mas as quatro últimas décadas do século XVIII. Argumentaremos operar neste período um novo paradigma político com relação aos anteriores, o que justifica o marco cronológico. Além disso, ele se faz como tentativa de estabelecer marcos cronológicos próprios ao Congo, independentes das tradicionais balizas europeias, como sugeriu a historiadora: Coquery-Vidrovitch, Catherine. De La periodisation em Histoire africaine. Peut-on l'envisager? À quoi sert-elle?. *Afrique & Histoire*, 2004/1, v. 2. p. 31-65.

mesmo impor) a difusão de signos e preceitos católicos, que se tornaram ferramentas de promoção de seu poder, transmissível para sua descendência. [13]

O período da história conguesa que se insere nossa investigação começa na primeira década do século XVIII e é particular em relação aos períodos anteriores da história do Congo. A crise política interna que se estendeu pelas quatro ultimas décadas do século XVII desorganizou o modelo político vigente. As elites provinciais, antes submetidas ao Mani Congo, se autonomizaram política e economicamente.[14]

O incentivo à adoção das insígnias e sacramentos cristãos em períodos anteriores à crise ocorreu, sobretudo (mas não exclusivamente) pelos reis do Congo. Desde D. Afonso I (nas primeiras décadas do século XVI), os elementos de origem católica estiveram intrinsecamente vinculados ao poder central, e talvez ao poder político de forma mais ampla. Da mesma maneira, o acesso às "novidades" vindas de Portugal (bens materiais de luxo, escrita, e os elementos do catolicismo: insígnias, ritualística católica e os próprios missionários) trazia grandes

---

13 Anne Hilton, e principalmente John Thornton falaram desta indentificação. HILTON, Anne. *The kingdom of Kongo*. Oxford, Oxfrord, Oxford University Press, 1985, p. 50-69.; THORNTON, John K. *The Kingdom of Kongo. Civil war and transition*. 1641-1718." Winsconsin press. 1983. Em alguns relatórios missionários do século XVIII a identificação das elites portuguesas com as conguesas é evidente. Por exemplo em Rafael Castelo de Vide, que chama atenção para *"urbanidade de português"* de alguns "nobres" congueses". Em outra ocasião o missionário afirma que o rei do Congo José I *"pouco ou nada difere dos grandes reis da Europa"*. Viagem e missão no Congo de Frei Rafael Castelo de Vide, hoje bispo de São Tomé (1798). *Academia das Ciências de Lisboa*, MS Vermelho 296, fl. 76 e 89.

14 Sapede, Thiago C. Negócio e fé: missão católica e tráfico de escravos no reino do Congo. 1777-1796. In: Alexandre Vieira Ribeiro e Alexsander Lemos de Almeida Gebara. (Org.). *Estudos africanos: múltiplas abordagens.*. Niterói: Editora da UFF, 2013, v. 1, p. 270-287.

privilégios econômicos, sobretudo ao longo do crescimento do trato escravista com mercadores portugueses: séculos XVI e XVII. A presença de missionários católicos no Congo fora muito incentivada pelos Mani Congo, desde D. Afonso I.[15] Após a crise política, iniciada em meados do século XVII, a presença de padres europeus no território foi minguando gradualmente, tornando-se muito escassa a partir do século XVIII. As rivalidades políticas internas, guerras e a decadência do rei, adicionadas às crescentes hostilidades entre Congo e Portugal (sediados em Luanda) dificultou o acesso das elites conguesas a padres europeus.[16] Pois mesmo os capuchinhos italianos ainda dependiam da estrutura de Luanda para sua chegada e ambientação à região centro-africana.

Este catolicismo parece ter ganhado novos sentidos e funções no Congo. Sobretudo após a restauração no ano de 1709, perpetrada pelo Mani Congo Nessamu a Mbando (D. Pedro IV). Este soberano originário da tradicional província de Quibango, após anos de negociações com grupos rivais, logrou em reconquistar a antiga capital *Mbanza Congo* (então abandonada) e implantou um sistema rotativo entre os principais grupos políticos rivais, o que permitiu que houvesse estabilidade política durante um longo período.[17]

O poder que os reis do Congo exerciam sobre as elites das províncias não foi restaurado em sentido pleno, uma vez

---

15   Thornton, John K. The development of an African Catholic Church, p. 158, 198.

16   Broadhead, Suzan, H. Beyond Decline: The Kingdom of the Kongo in the Eighteenth and Nineteenth Centuries. *The International Journal of African Historical Studies*. Vol. 12. Boston University African Studies Center. p. 615- 650.

17   Thornton John K.,*Kingdom of Kongo*. Utilizei principalmente o capítulo oitavo p. 110-130

que o Mani Congo não possuía recursos militares e financeiros para submetê-las ao antigo sistema. Estabeleceu-se, a partir de então, um novo tipo de governança que se utilizava da imagem do tradicional Congo centralizado como referencial que, porém, na prática, aceitava significativa autonomia local. Diferentes símbolos que remetiam ao "glorioso" reino de outrora tornaram-se mecanismos para a manutenção da identidade conguesa e desta nova configuração política. Suzan Broadhead, a única estudiosa que (antes de nós) se dedicou às especificidades deste período, chamou atenção para o caráter fragmentário deste sistema político, mesmo que tenha criticado a ideia de "declínio", vigente na historiografia de então. Por ter priorizado demasiadamente o fator econômico e utilizado fontes comerciais (sob influência teórica marxista), acabou por subestimar (sem ignorar) fatores identitários e culturais como prismas para o processo de transformações políticas após a restauração.[18]

Buscando aprofundar a compreensão da relação entre poderes centrais e locais neste novo paradigma político, e tendo tido acesso a novas fontes, debateremos neste livro a hipótese de o catolicismo ter sido precisamente importante neste contexto pós-restauração devido à necessidade que tinham as elites dirigentes de referenciarem-se aos símbolos da política de outrora. Em outras palavras, o catolicismo desempenhava a função de rememorar os tempos de poder centralizado, fazendo referência, sobretudo, a Mvemba a Nzinga (D. Afonso I). Esta ferramenta foi importante na transmissão aos que clamavam descender deste soberano (detentores exclusivos do título

---

18 Broadhead, Susan H. *Trade and Politics on the Congo coast*, p. 240, 241

"muana Congo") uma legitimidade política capaz de perpassar as barreiras impostas pela autonomia econômica local.

O mais completo e extenso texto disponível para o período é o do missionário franciscano português Rafael Castelo de Vide, que escreveu um relatório de mais de trezentas páginas manuscritas, descrevendo com riqueza de detalhes o trabalho no reino do Congo, onde residiu por oito anos. O religioso embarcou para a África, em missão eclesiástica, em 22 de junho de 1779 juntamente com outros dezenove missionários que se dividiram por diferentes regiões centro-ocidentais africanas. Este grande projeto foi incentivado pela rainha portuguesa D. Maria I, que conclamou missionários de diferentes ordens a partirem à região da conquista de Angola e áreas circunvizinhas. O manuscrito que dispomos com o texto de frei Rafael é uma cópia do original, feita por Frei Vicente Salgado em 1794, que se encontra na Academia de Ciências de Lisboa[19] e é a compilação de quatro diferentes relações datadas de 1781, 1782, 1783 e 1789, escritas por Castelo de Vide nas respectivas datas e enviadas separadamente a Portugal.[20] O fato desses relatórios se dividirem em quatro partes, remetidas em datas diferentes, em contextos diferentes, nos traz maiores possibilidades de questionar a documentação criticando-a internamente.

Além de ter redigido os relatórios, frei Rafael trocou correspondências com as autoridades lusas, tendo sido um agente importante na diplomacia pró-portuguesa no Congo. A leitura do relatório frente à contextualização mais geral, oferecida

---

19 Rafael de Castello de Vide, *Viagem ao reino do Congo* (...).
20 O texto foi publicado em uma tradução italiana em 1894 por Marcelino Civezza Civezza, Marcelino: *Storia Universale delle Missioni Francescane*, Scipione, Roma, 1894.

pelo conjunto de correspondências, traz interessantes possibilidades para análise de questões adjacentes às missões e determinantes na história do período.[21]

Os outros dois documentos missionários que utilizaremos são de autoria dos padres italianos: Raimundo de Dicomano e Cherubino de Savona. Ambos foram analisados por Susan Broadhead em sua tese de doutoramento e em trabalhos de Thornton. Estes textos seguem o padrão conciso dos relatórios do período, o que não significa que tenham menor validade.

Cherubino de Savona foi um missionário italiano franciscano que catequizou no reino do Congo de 1759 a 1774 e escreveu um sucinto, porém rico relatório de aproximadamente quarenta páginas manuscritas. Este missionário tinha grande proximidade política com as elites reinantes no Congo e por isso nos oferece uma descrição política bastante interessante. Seu manuscrito foi publicado, na língua original por Carlo Toso, ao qual tivemos acesso, e em uma tradução francesa por Louis Jadin, tornando-se assim a fonte mais conhecida sobre o período. Muito da visão que os autores citados ofereceram sobre o Congo tem influência desse relatório específico.[22]

Raimundo de Dicomano fez missão no Congo no período posterior a Rafael Castelo de Vide, de 1791 a 1795. Seu texto também foi publicado por Jadin e igualmente numa versão escrita por ele próprio em português, publicada por Antônio Brásio. A relação de Frei Raimundo é muito interessante pela

---

21 Arquivo Histórico Ultramarino, AHU, papéis de Angola, caixa 70, documentos 8, 23, 28, 27. Possuo cópias digitalizadas das cartas também cedidas por Thornton.

22 O original em italiano se encontra na Biblioteca Vaticana em Roma que infelizmente não pudemos consultar. Carlo. Relazioni inedite di P. Cherubino C. da Savona (...), p. 135-214.

diferença significativa dos relatos de Frei Rafael e Savona, que em partes se explica por sua ordenação capuchinha e orientação ortodoxa, que nos traz mais ricas descrições sobre costumes que considerou espúrios.

O primeiro capítulo será introdutório e particular em relação aos três demais, pois não tratará das fontes históricas, trazendo questões teórico-metodológicas, presentes no debate historiográfico sobre o reino do Congo. Nele, apresentaremos as formas particulares com que cada um desses trabalhos buscou atender ao desafio de ouvir a "voz africana", praticamente silenciada na maioria das fontes; debateremos os limites e contribuições das diferentes metodologias de trabalho com a documentação de época.

O segundo capítulo, apresentará de forma crítica as fontes históricas primárias e os personagens presentes nelas, principalmente aqueles que as redigiram e seus interlocutores. Este capítulo, ao contrário dos posteriores, tratará mais de perto da relação dos congueses com a missão e seus agentes. Por isso, terá uma função mais factual e um modelo mais narrativo. Ele terá também a importante função de contextualizar a relação com a colônia portuguesa em Luanda e outras nações estrangeiras no contexto do tráfico atlântico.

O terceiro capítulo terá como escopo a relação do catolicismo com as práticas de poder sede do Congo. Buscamos compreender a essencialidade das práticas originárias do catolicismo para a ritualização cotidiana do poder do rei do Congo e da elite política vinculada ao poder central, baseado na capital de S. Salvador.

O quarto capítulo terá objetivo semelhante ao terceiro, porém estará mais diretamente focalizado nas elites provinciais. Debateremos cada uma das principais províncias que compunham o reino (ou "império") do Congo pós-restauração. Apresentaremos as diversas particularidades entre elas. O catolicismo aparecerá novamente como elemento central para a manutenção deste sistema, conferindo diversos graus de legitimidade aos atores locais. Abordaremos algumas práticas rituais (sobretudo o casamento) como atribuidores de legitimidade politica à elite provincial. Debateremos a importância dos especialistas rituais congoleses ligados ao catolicismo (mestres, intérpretes e nlekes), também trataremos da escrita como ferramenta de poder.

Esta pesquisa não objetiva se enquadrar em uma história da missão católica europeia no Congo, tampouco do catolicismo ou das estratégias de missionação: recortes também relevantes. Ao invés disso, pretendemos levantar pistas sobre os significados destas práticas do catolicismo, na perspectiva local, no que tange às relações com o poder político.

A questão da incorporação e adaptação dos ritos cristãos no contexto conguês é lugar-comum na historiografia desde a obra da década de 1980, com a obra de Hilton e principalmente diante dos inúmeros trabalhos de John Thornton publicados desde então. Atualmente, novas e instigantes perspectivas nesta mesma direção foram levantadas por Cecile Fromont.[23]

Nenhum destes autores, porém, se debruçou minuciosamente sobre o período pós-restauração, que tem como

---

23 Fromont, Cecile A. *Under the Signe of the Cross in the Kingdom of Kongo: Shaping Images and Molding Faith in Early Modern Central Africa*. Phd thesis. Harvard University. 2008.

característica uma especial agência da *muana* Congo sobre os ritos católicos e no qual o catolicismo, como defenderemos, tornou-se essencialmente uma prática de ritualização da legitimidade do poder político de uma velha elite dentro de um novo paradigma político.

A autonomia das práticas sacramentais frente ao catolicismo europeu era naturalmente consequência da soberania das elites locais sobre o próprio território no período e dos interesses envolvidos em rememorar a tradição política por parte da *muana* Congo. Portanto, somente a perspectiva que privilegia a agência histórica local tem potencial para iluminar as particularidades e complexidades deste período obscuro da história do Congo, que será nosso objetivo ao longo deste trabalho.

Capítulo 1: Traduções e Incorporações: uma leitura da historiografia sobre o Congo

Os estudos de História da África tem posto em lugar de centralidade, já há algum tempo, a questão da alteridade e dos contatos culturais. A África centro-ocidental, a partir do século XV foi palco de intensa relação entre europeus, que aportavam na costa atlântica africana com o intuito de expandir seus domínios comerciais e religiosos, e as diferentes sociedades africanas ali estabelecidas. Como consequência destes, nasceu um significativo corpus documental de autoria europeia. Os registros escritos diante da experiência de contato tornaram-se o principal material para a investigação histórica das sociedades africanas em períodos antecedentes ao colonialismo. O desafio de reconstruir o passado de sociedades e indivíduos apresentados em uma chave da alteridade (na forma de "outros") é constitutivo desde a fundação deste domínio de estudos. Devido às características deste desafio primário diante das fontes e a significativa influência da antropologia e etnologia, nascidas elas próprias no seio da dominação colonial europeia sobre "outros" povos (assim como no contexto da diáspora americana), os historiadores africanistas passaram a enxergar a questão das dinâmicas de contato entre europeus e nãoeuropeus como tema central aos seus estudos.

Nesse sentido, os estudos da história do reino do Congo é um exemplo bastante emblemático. A presença europeia no interior do território congolês foi constante desde as décadas finais do século XV ao XIX, principalmente de missionários portugueses e italianos, que trabalharam na capital Mbanza Congo, assim como nas vilas e aldeias no interior. No Congo, mais do que em outros locais da África, ocorreu incorporação e ressignificação de elementos religiosos originalmente cristãos dentro das lógicas locais, com importância chave para a legitimação do poder de parte da elite política. O catolicismo transformou e serviu à transformação (em alguns casos à manutenção, como argumentaremos neste trabalho) da organização política e religiosa. A característica particular da presença de missionários europeus no Congo, fomentada por elites africanas e europeias (de acordo com interesses próprios), legou-nos um significativo corpus documental na forma de relatórios de missão, escritos em sua maioria pelos missionários europeus e reportados para autoridades religiosas, comerciais e militares europeias. Frente ao desafio da interpretação histórica de uma sociedade africana através das fontes (majoritariamente) europeias, estudiosos da história do Congo assumiram diferentes posturas teórico-metodológicas. Neste capítulo, debateremos as principais interpretações sobre a história do Congo, que tratam do século XV ao século XVII. Este exercício será importante para nossos esforços, nos capítulos posteriores, frente ao contexto e às fontes de autoria europeias do século XVIII.

Discutiremos os principais autores em três partes. Na primeira delas, trataremos de dois dos principais antropólogos que estudaram o Congo: Georges Balandier e Wyatt MacGaffey, sobretudo o último deles. Na segunda parte discutirei duas, dentre outros estudiosos, mais receptivas quanto às influências antropológicas: Anne Hilton e Marina de Mello e Souza. Na terceira parte discutirei as ideias daquele que é tido como principal estudioso da história do reino do Congo: John Thornton, que assume uma posição diferente dos anteriores no tocante à metodologia.

Não pretendo aqui apresentar conclusões definitivas, tampouco assumir uma ou outra posição, apenas observar como a influência da antropologia se manifesta de maneiras diferentes nos trabalhos que serão discutidos, resultando em interpretações históricas particulares. Esta pluralidade de estratégias metodológicas e abordagens epistemológicas demonstram o caráter essencial e profícuo dos debates sobre os encontros de culturas no seio da sociedade congolesa, evidenciando as contribuições da historiografia africanista para inovação da disciplina histórica como um todo.

Trabalhos antropológicos

O antropólogo francês Georges Balandier foi um dos pioneiros autores a empreender um estudo da história do reino do Congo. Seu trabalho "Vie quotidienne au royaume du Kongo"[1] foi publicado em 1965, período no qual grandes compilações documentais já circulavam.[2] Nesse trabalho, Balandier tem como objeto a história do reino do Congo desde os primeiros contatos com os portugueses, no fim do

---

1   Balandier, G. *Daily life in the Kingdosm of Kongo*. p. 49-64.
2   Cita publicações de fontes: 1877 Levy Maria Jordão e Paiva Manso trabalho continuado por Albuquerque Felner em 1933; Pe Antonio Brasio: *Monumenta Missionária Africana* 1953-54 (principal delas e pouco citada por Balandier); Couvelier em colaboração com Louis Jadin publicou um enorme grupo de documentos em 1954: *L'Ancién Congo d'apres les archives romaines*(1518-1640).

século XV, até sua suposta derrocada, datada pelo autor da segunda metade do século XVII. O antropólogo propõe-se a utilizar uma metodologia diferenciada para a leitura documental, apresentando uma postura abundantemente crítica em relação aos métodos utilizados por historiadores que o precederam.[3] O autor crê que a vasta documentação missionária disponível sobre o Congo tem valor relativo, por ser repleta de preconceitos, distorções e interesses europeus que maquiariam uma suposta "verdade" que, aos olhos do autor, apenas seria acessível pela via africana não documentada. Por este motivo, defende que aqueles que utilizam apenas fontes de época para realizar o trabalho histórico teriam caído inevitavelmente (e de forma ingênua) na armadilha de reproduzir olhar europeu sobre os africanos. A alternativa metodológica encontrada por Balandier para fugir da dita armadilha é o uso de fontes etnológicas contemporâneas sobre os povos de língua quicongo, descendentes dos habitantes do antigo reino: "Um verdadeiro processo de tradução [das fontes], guiado pelo conhecimento sociológico e etnológico, é muitas vezes necessário; não apenas necessário como frutífero".[4] Para Balandier, mais do que complementar às fontes históricas, o trabalho sociológico contemporâneo deve guiar a "tradução" diante dos instrumentos das etnologias contemporâneas sobre os povos bacongo.

Balandier justifica seu método de utilizar documentação atual para "traduzir" fontes históricas por um pressuposto de

---

3   Seus principais antecessores foram Van Wing, Joseph: *Études Bakongo*. Bruxelas, 1921. Jean Cuvelier: *L'Ancién Royaume de Congo*, Bruxelas, 1946. e Randles, W. G. L: *L'Ancién royaume du Congo*. 1968.

4   Tradução minha. Balandier, G. *Daily life in the Kingdosm of Kongo.*, p. 49

fixidez, que permite aproximar os atuais dos antigos habitantes do reino do Congo. Na opinião do antropólogo, a organização das estruturas sociais, o vocabulário da realeza, organização dos clãs, organização da vida material e do trabalho pertenceriam, segundo ele, a uma estrutura que se manteve basicamente estática desde o século XV.

A obra de Balandier é marcada por uma visão incisiva sobre os significados da cristianização no Congo, sintomática de sua opção metodológica. Para o autor, o rei cristão D. Afonso I Mvemba a Nzinga foi um grande estrategista e "modernista". Afonso teria utilizado a religião europeia unicamente como uma estratégia de conquista de poder e legitimidade política, que não teria pelos meios tradicionais. Desta forma, o rei do Congo buscou transformar a tradição política e aglutinar grande poder em suas mãos utilizando os elementos apresentados pelos portugueses nos primeiros contatos. Balandier não acredita que a estratégia afonsina tenha sido vitoriosa. Para ele, com o fim do seu longo reinado acabou também o "casamento falso" entre cristianismo e a realeza no Congo.

No que tange o esforço historiográfico do autor pode-se afirmar que o trabalho de Balandier apresenta muitos problemas do ponto de vista da seleção das fontes e da metodologia, em si fundada em um anacronismo. Ele prioriza absolutamente seu trabalho empírico de campo entre os bacongo e invalida fontes históricas, acusando-as de mentir e oferecer uma visão parcial e preconceituosa dos africanos. Ao invés de realizar a critica das fontes ele opta por ignorar aquelas que não corroboram sua tese, impossibilitando a percepção dos processos de transformações (processos históricos) e ressignificações de elementos de diferentes origens dentro da lógica congolesa, pois seu olhar se encontra sempre preso a uma suposta tradição imutável.

Discutiremos, em seguida, outro importante autor dentro da tradição antropológica. Wyatt MacGaffey, responsável pelo trabalho de antropologia mais importante sobre os bacongos, publicou seus primeiros trabalhos na década de 1970, dentre eles "Religion and Society in Central Africa",[5] assim como dezenas de importantes artigos e alguns livros. MacGaffey realiza estudos em antropologia da religião, para os quais sua ferramenta privilegiada é a cosmologia bacongo. Este autor também fez incursões (bastante mais modestas) à história do antigo reino do Congo. Seu olhar cosmológico viria a influenciar muitos outros autores posteriores, muitos deles historiadores.

MacGaffey define cosmologia como o corpo de representações coletivas do mundo, ordenando o espaço, o tempo e o lugar do homem. Esse conjunto de normas simbólicas é inconsciente para os seus detentores, por isso suas "regras" não podem ser percebidas internamente. O autor critica a visão anterior que Geertz ofereceu sobre cosmologia: restrita a um "sistema cultural". Para MacGaffey a cosmologia vai muito além, pois rege toda a organização social, política e econômica das respectivas sociedades.[6]

---

5   Macgafffey, Wyatt-*Religion and society in Central Africa*: The Bacongo of the lower Zaire. Chicago. Chicago Univ. Press. 1986. Seu primeiro trabalho e o de maior impacto foi *Custom and Government in the Lower Congo*. Berkley, University of California press, 1970. Também: Religious Commissions of the Bakongo. *África*. Royal Anthropological Institute of Great Britain and Ireland, V 5, no1. 1970, p. 27-38.

6   Macgafffey, Wyatt. *Religion and society in lower Zaire*, p 18.

O conceito de "inconsciente" de MacGaffey vem de uma tradição antropológica fundada por Claude Levi-Strauss[7] em meados do século XX e foi inicialmente elaborada baseada no conceito de inconsciente da linguística, que evidentemente difere da definição freudiana.[8] As estruturas elementares do parentesco, para Levi-Strauss, e a cosmologia, para MacGaffey, regem todos os âmbitos da vida social, operando da mesma maneira com que um sistema linguístico organiza a comunicação. Para o estruturalismo linguístico, que teve como pioneiro Saussure, a comunicação entre pessoas que compartilham um mesmo idioma se dá naturalmente, sem que as regras estruturais da língua sejam percebidas. Essas regras, porém, determinam os limites e possibilidades, organizando o pensamento e a comunicação entre membros desse mesmo grupo. Para MacGaffey é assim que a cosmologia opera na sociedade, por isso o estudo do sistema religioso congolês (a cosmologia não se limita a um sistema religioso, justamente) é essencial para a compreensão de todo e qualquer nível da vida social, política ou econômica. Ele chama atenção para o fato de que a separação dos papéis: política-Estado, religião--Igreja, economia-mercado é uma separação ocidental capitalista, não é uma separação lógica e não vale para as sociedades africanas em geral.[9]

---

7 Levi-Strauss, Claude. *As estruturas elementares do parentesco*. Petrópolis, Vozes, 1982 e Levi-Strauss, Claude. *O pensamento Selvagem*. São Paulo, Papirus, 2008, neste o autor determina com mais clareza as estruturas subconscientes como organizadoras da vida social dos indígenas brasileiros.

8 Sobretudo o trabalho pioneiro de Saussure, Ferdinand: *Cours de linguistique générale*. Paris, Payo, 1916.

9 MacGafffey, Wyatt. *Religion and society in lower Zaire*, p 25-49.

Apesar desta influência teórica estruturalista, MacGaffey, ao contrário de Balandier, assume possibilidades de mudanças internas e externas neste sistema cosmológico. Nos séculos XVI e XVII, por exemplo, observou a importância do culto de espíritos locais formando uma única hierarquia coexistente com a estrutura política do Congo. Já nos séculos XVIII e XIX essa hierarquia rígida se quebra em cultos locais de menor escala. Apesar da função desses cultos continuar semelhante, a organização hierárquica se fragmenta, o que tem relação intrínseca com a fragmentação do sistema político centralizado e das linhagens.

Em sua interpretação do papel dos elementos cristãos no Congo o antropólogo o compreende pela relação entre duas estruturas cosmológicas: portuguesa cristã e "bacongo". No seu entender, a aceitação do batismo pelos membros da elite congolesa se deu por "traduções" e "leituras" dos elementos cristãos pela tradição africana. O retorno dos reféns congoleses em 1485, que foram capturados na costa anos antes e levados para Lisboa, segundo MacGaffey, foi o evento marcante para a aceitação do cristianismo, uma vez que representou um rito de passagem para um universo novo, cujo acesso podia oferecer o alargamento do poder das elites congolesas.[10]

O entendimento bacongo do além-mar como uma esfera separada se justifica pela arquitetura básica da sua cosmologia, que o antropólogo definiu pela experiência empírica nas regiões "bacongo" contemporâneas. Ela se constitui pela divisão entre dois mundos, representados por duas montanhas: a dos vivos e a dos mortos, separadas pela base por água (*kalunga*). Os congoleses do século XVI teriam identificado os brancos

---

10   MacGafffey, Wyatt. *Religion and society in lower Zaire*, p 199.

vindos do mar como habitantes do mundo dos mortos e por isso o retorno dos reféns teria sido uma excepcional iniciação, que abriria um novo canal de comunicação entre as elites congolesas e as poderosas forças dessa esfera.

MacGafffey definiu essa relação entre as cosmologias bacongo e cristã como a "institucionalização de um mal entendido", uma vez que a tradução dos elementos católicos pela cosmologia africana fez com que esse contato fosse eficaz, mesmo que estabelecido por falsos pressupostos. Ao mesmo tempo, os missionários responsáveis pela evangelização compreendiam a conversão ocorrida dentro dos padrões religiosos católicos. O batismo nessa ótica possuía um significado de purificação e aceitação completa da nova e verdadeira fé, por isso, o mal entendido seria mútuo, como uma tradução que mesmo mal feita possibilitou a comunicação. Um "diálogo de surdos" que mediou as relações entre as culturas africana e europeia no reino do Congo durante séculos.[11]

As ideias de MacGaffey não repercutiram com muito sucesso entre os antropólogos africanistas em geral, mas causaram grande impacto nos trabalhos dos principais historiadores especialistas no Congo. Em meados dos anos de 1970 e 80, enquanto o antropólogo publicava seus trabalhos, os principais estudiosos do Congo iniciavam suas pesquisas e foram bastante influenciados por ele. Com a exceção de John Thornton, que discutiremos mais tarde, os historiadores se

---

11 Macgaffey, Wyatt. Dialogues of the deaf: Europeans on the Atlantic coast of Africa. In: Schwatz, S. Implicit Understandings. *Observing, reporting, and reflecting on the encounters between Europeans and other peoples in the Early modern era.* Cambridge, Cambridge Univ. press, 1996, p. 260. Esse artigo de MacGaffey traduz bem sua concepção de cristianismo, mas não é o primeiro, ideias semelhantes foram formuladas em trabalhos anteriores já citados.

utilizaram do vocabulário cosmológico de MacGaffey como suporte do trabalho com as fontes, o que demonstra a importância de sua influência para os rumos dos trabalhos de história do Congo. No campo metodológico, observaremos como essa influência se deu e como dividiu a historiografia.

História e Cosmologia

O livro da historiadora inglesa Anne Hilton, publicado nos anos 1980, é um exemplo de trabalho histórico muito influenciado pelo vocabulário antropológico de MacGaffey. Hilton escreveu uma espécie de História Geral do Congo nos séculos XVI e XVII. O primeiro capítulo de seu livro já demonstra claramente sua opção metodológica, que perpassaria todo o livro. Descreve o Congo em termos gerais, em sua geografia, organização social, econômica e religiosa. No tocante à religião, Hilton utiliza como "arquitetura simbólica" básica a abordagem cosmológica de MacGaffey. Descreve a visão de mundo bipartido em dois mundos que possuem relação simétrica entre si, sendo divididos pela base pela *kalunga* (um grande rio). Hilton enfatiza os diferentes tipos de forças invisíveis: aquelas originárias de outra esfera e manifestas na natureza (*mbumba*), a do mundo dos mortos, as de *nkadi mpemba*, os espíritos locais, entre outros. Também resume as maneiras de manifestação dessas forças através de *minkisi*, *nganga*(s), Mani(s), *kindoki*, *kitomi* e de elementos da própria natureza, além de dar grande destaque aos ritos funerários e à atuação dos mortos e ancestrais na vida social.[12]

---

12 Hilton, Anne. *Kingdom of Kongo*, p. 28. A arquitetura cosmológica básica foi retirada do trabalho de MacGaffey, porém a divisão mais radical entre forças da natureza e mundo dos mortos foram conclusões da própria autora (que argumentou também

Pode-se afirmar que Hilton faz uma compilação cosmológica, organizando em poucas páginas o extenso trabalho de MacGaffey e de "self-ethnographers" como Fu-Kiau Bunseki. O trabalho de Fu-Kiau tornou-se importante por ter oferecido uma representação gráfica da cosmologia básica congolesa: o "cosmograma bacongo".[13] Hilton apresenta o mapa cosmológico proposto por Fu-Kiau para expor de maneira gráfica a organização simbólica congolesa do mundo, ponto de partida para a leitura e crítica da documentação de época.

Uma das características que faz o trabalho de Hilton particular é a maneira como agrega o instrumental antropológico na pesquisa empírica das fontes. Um exemplo sintomático desta abordagem em seu trabalho é a narrativa dos primeiros contatos entre portugueses e a elite congolesa em Soyo e o posterior batismo do Mani Congo. Utilizando testemunhos dos europeus sobre os primeiros encontros para construir sua narrativa, a autora busca reconstituir os fatos através da perspectiva congolesa, utilizando a cosmologia de Macgaffey para inferir qual teriam sido as opiniões e sentimentos não documentados dos africanos diante os lusitanos. Estas inferências, que possibilitaram a virada narrativa proposta pela autora, apenas pode ocorrer uma vez que lançou mão do material cosmológico dos bacongo contemporâneos, sem os quais sua interessante narrativa teria ares exclusivamente literários.

---

pela existência da enigmática dimensão nkadi Mpemba) baseada na leitura das fontes sob influência da cosmologia MacGaffiana.

13 Fu-Kiau Kia Bunseki-Lumanisa. N'kongo Ye Nza Yakun'zingidila, Nza Kongo. Le Mukongo et Le Monde qui l'entourait. Cosmogonie-Kongo. Office National de La Recherche et Developpement. Kinshasa. 1979.

Ao tratar da incorporação de elementos católicos no Congo, Hilton também faz uso de semelhante metodologia. Ela busca definir, de acordo com o mapa cosmológico de Fu-Kiau, o local exato ocupado pelos ritos católicos para o sistema mental congolês, concluindo que o cristianismo no Congo nos séculos XVI e XVII era quase exclusivamente relacionado à dimensão do mundo dos mortos. Segundo a autora, os padres (ngangas) católicos teriam tido sua importância central na mediação entre os vivos e os ancestrais, sua atuação ritual era quase exclusiva em rituais fúnebres; as igrejas, por sua vez, teriam sido locais de mediação entre os vivos e os mortos (assim como os tradicionais túmulos e rios). Hilton apresenta evidencias em documentação missionária da construção de igrejas por diferentes reis do Congo para abrigar seus túmulos após a passagem para o outro mundo. Os santos padroeiros dessas igrejas seriam, para ela, os agentes privilegiados dessa mediação, na medida em que cada soberano escolheria um santo de acordo com sua linhagem patrilinear, e esses teriam funções específicas de proteção e assegurariam uma boa relação dos chefes com sua ancestralidade.[14]

Além dos reis, os "mwissikongo" (nome que a autora utiliza para definir genericamente membros da elite política do Congo) seriam os beneficiários principais dessa relação privilegiada com o mundo dos mortos via ritos católicos. Hilton não parece acreditar que até meados do século XVII o cristianismo tenha atingido significativamente camadas mais baixas da população. Apesar disso, ela admite uma exceção a essa regra no que diz respeito aos artefatos religiosos. Cruzes, água

---

14 Hilton, Anne. *The Kingdom of Kongo*, p. 51-67.

benta, sais, imagens da virgem, rosários, entre outros, eram
minkisi comuns entre a população congolesa, que os carregavam como amuletos de proteção contra a ação de kindoki (feiticeiros), com o objetivo de neutralizar doenças e malefícios
cotidianos. A historiadora admite a importância dos artefatos
isolados como elementos incorporados à cosmologia religiosa popular, mesmo entendendo que não causaram mudanças
significativas nessas estruturas.

Hilton admite outra exceção à relação direta de ritos católicos com os ancestrais mortos: o culto à Virgem, que teria
alcance popular. O poder da Madona estaria relacionado com
a fertilidade das terras e das mulheres, o que em geral não
diz respeito ao mundo dos mortos e sim ao que cunhou de
"esfera mbumba" (forças da natureza). Nesse caso um elemento
introduzido pelo cristianismo escapa à relação com a ancestralidade e a exclusividade dos mwissikongo. A Virgem também era interpretada como uma chefe auxiliar ao grande chefe Kristu Mfumu (Jesus Cristo). Hilton introduz a importante
exceção da Madona, argumentando que no final do século
XVII e início do XVIII houve uma mudança do significado
simbólico desses elementos cristãos incorporados. De acordo com a autora, com o enfraquecimento do Mani Congo,
dos mwissikongo e a desorganização do sistema de linhagens,
os elementos cristãos teria se tornado cada vez mais associados às forças da natureza (mbumba), ocorrendo desta maneira
maior popularização do cristianismo entre as camadas mais
baixas da população, que tinham mais acesso às forças manifestas na natureza. Essa demanda de incluir o culto mariano
no esquema histórico-cosmológico que criou é claramente

uma demanda da documentação missionária, que cita constantemente, sobretudo no século XVIII, formas locais de culto à virgem. Isso nos demonstra vocação historiográfica de seu trabalho e a delimitação do instrumental antropológico a um instrumento auxiliar para leitura das fontes.[15]

Um exemplo contemporâneo de estudo histórico que segue a mesma tendência "cosmológica" de Anne Hilton é o trabalho de Marina de Mello e Souza sobre os crucifixos produzidos no Congo, por meio dos quais a autora debate a incorporação e ressignificação dos símbolos católicos pela lógica mental congolesa. Houve no Congo, a partir de meados do século XVII e principalmente no XVIII a intensa produção de amuletos de bronze com a imagem de Jesus crucificado, os nkangi kiditu em quicongo. Apesar de seguirem um padrão imagético da tradição católica, estes objetos apresentavam também diversas características estéticas típicas da tradição congolesa. Na busca de desvendar tais documentos tão instigantes a historiadora recorreu aos trabalhos de cosmologia de MacGaffey e Fu-Kiau, como ferramentas de interpretação

---

15 Hilton, Anne. Kingdom of Kongo, p 36. O culto à Virgem Maria é muito recorrente nos relatórios do século XVIII de Raimundo de Dicomano e Rafael Castelo de Vide, neste último fica claro também o grande valor que as imagens da santa possuem entre os congoleses de todos os extratos sociais: Rafael de Castello de Vide, *Viagem ao reino do Congo*. Brasio, Informação do Reino do Congo de Frei Raimundo de Dicomano. Revista Studia XXXIV. Lisboa. 1972. 19- 42. Utilizei a tradução do documento original feita por Arlindo Correa, que é posterior e corrige alguns lapsos cometidos por Brásio, com base no documento original, simultaneamente publicado: Correa, Arlindo. *Informação o reino do Congo por Raimundo Dicomano* (1798). 2008. Publicado eletronicamente em: http://www.arlindo-correia.com/101208.html. Simultaneamente como o texto original em italiano: Correa, Arlindo. Informazione sul regno del Congo di Fra Raimondo da Dicomano (1798). 2008. Publicado eletronicamente em: http://www.arlindo-correia.com/121208.html

dos significados que os objetos poderiam assumir para seus produtores e portadores.[16]

A autora reconta a história da conversão do primeiro Mani Congo e da elite ligada a ele, destacando o episódio citado pelas narrativas de Rui de Pina que envolvia uma pedra cruciforme, encontrada por um chefe congolês no dia seguinte do seu batismo. Utiliza a interpretação de MacGaffey que definiu um "diálogo de surdos" nas traduções entre cosmologias europeia e congolesa como regentes do processo de "conversão". Utiliza também o cosmograma bacongo de Fu-Kiau, no qual o símbolo da cruz está presente no cruzamento entre as linhas que limitam os diferentes planos da existência. Assim, Marina descreveu a cruz como símbolo da conexão entre os mundos visível e invisível (duas montanhas que dividem a mesma base). Para Fu-Kiau, os quatro pontos da circunferência na qual a cruz está inscrita materializam a comunicação entre os dois mundos, sendo também o caminho percorrido pelo sol, movimento cíclico diário que simboliza o equilíbrio.

---

16 Souza, Marina de Mello e. Central Africans crucifixes. A study of symbolic translations. In: Jay A. Levenson. (Org.). *Encompassing the Globe. Portugal and the World in the 16th and 17th Centuries. Essays*. Washington DC, Smithsonian Institution, 2007, p. 97-100.
Há na historiografia e principalmente antropologia brasileira uma vertente que trabalha em linha semelhante à "História cosmológica" sobre o Congo. Seu olhar recai sobre os contatos culturais no contexto das missões católicas na América portuguesa colonial. Esta bibliografia também busca compreender as relações de "mediação cultural" entre duas estruturas religiosas, que se interpretariam mutuamente por seus "idiomas" culturais originais. Porém, neste contexto, os atores se debruçam sobre populações indígenas americanas e os padres da Cia de Jesus, responsáveis pela suposta salvação das almas do "Novo Mundo". A ideia de "mediação cultural" ou de "estruturas de mediação" (de Paula Monteiro) privilegia o olhar para as "zonas de contato", ou seja, os mecanismos pelos quais ocorreriam as traduções mútuas. Esta escola de "antropologia-histórica" também mescla (em sua metodologia) documentação histórica e trabalhos antropológicos mais recentes. Monteiro, P. *Deus na Aldeia*. São Paulo, ed. Globo, 2006. e Pompa, C. *Religião como tradução: missionários, Tupi e Tapuia no Brasil colonial*. São Paulo, Edusc, 2003.

A partir da exposição do sentido atribuído aos símbolo cruciforme para a tradição bacongo, Marina de Mello e Souza afirma que a cruz seria um símbolo comum entre as cosmologias portuguesa e bacongo, que mesmo possuindo significados diferentes permitia a comunicação via tradução entre sistemas simbólicos diversos. Esse sentido duplo permitiria, segundo a autora, a popularização dos crucifixos no Congo de maneira natural e desvinculada dos significados originários do catolicismo.

Ambos os trabalhos históricos citados enxergaram o contato cultural numa chave de "traduções". Ambas as estudiosas buscaram dar sentido dentro de um sistema cosmológico congolês aos símbolos católicos da cultura europeia, explicando desta maneira a aceitação e a penetração de símbolos novos na tradição religiosa africana. A palavra "tradução" é muito sintomática de uma ideia antropológica de cultura, com foco nas relações regidas pela alteridade cultural, na qual as culturas operam como os sistemas linguísticos.

A tradução cultural funcionaria como troca de significado entre dois sistemas paralelos, que não se transformam significativamente durante o contato, pois a leitura de um sistema ao outro é sempre feita a partir do sistema natural, sem colocá-lo em cheque. Além do mais, para aceitar utilizar cosmologias recolhidas contemporaneamente como válidas para o século XVIII ou mesmo XVI, há que se pressupor uma fixidez na longa duração, o que pode ser delicado para um trabalho historiográfico. Mesmo diante de ressalvas, essa metodologia nos oferece a possibilidade interessante na tentativa de acesso aos significados especificamente congoleses de símbolos e ritos de origem católica, exercício limitado (e árduo) para a metodologia que trabalha apenas com as fontes escritas europeias. Nota-se, além disso, um cuidado historiográfico e respeito às especificidades temporais significativamente maiores em relação ao posicionamento radical de Balandier, segundo o qual as etnologias seriam portadoras de "verdades" capazes de filtrar fontes históricas de seu eurocentrismo.

Similitudes e incorporação

Se a base da interpretação nos trabalhos de História citados anteriormente são cosmologia e as traduções culturais; o viés de John Thornton se difere destes, ancorando sua metodologia em similitudes e incorporação. Thornton é considerado o maior especialista atual na história do reino do Congo, com numerosos trabalhos publicados e extensa pesquisa documental realizada nas últimas três décadas.[17] O seu trabalho é particular em relação aos demais, sob diversos aspectos, mas focaremos na questão metodológica e na significativa diferença no que tange os objetivos, metodologia e os resultados interpretativos. Particularidades que, segundo nosso argumento, são fruto da atitude diferenciada de Thornton diante do instrumental antropológico para a realização do trabalho historiográfico.

---

17 Thornton, John. *The Kingdom of Kongo*; e *The Kongolese Saint Anthony. Dona Beatriz Kimpa Vita and the Antonian moviment*. Além de importantes artigos mais sintéticos sobre cristianismo no Kongo, destaca-se Religious and cerimonial life in Kongo and Mbundo areas. 1500-1700. In *Central Africans and Cultural Transformations in the American Diaspora*. Heywood, Linda (org). Cambridge, Cambidge Univ. press, 2002. Seu trabalho mais recente é Heywood, L e Thornton J. *Central African Creoles and the Foundation of the Americas, 1585-1660*. Cambridge, Cambridge Univ Press, 2007. *Transformations in the American Diaspora*. Org Linda Heywood. Cambridge, Cambidge Univ press, 2002.

Primeiramente, é importante observarmos que o olhar de Thornton direciona-se, sobretudo, ao produto do contato entre culturas e não no processo em si. Ou seja, as traduções de ambas as partes, que possibilitaram o contato são secundárias em seu trabalho diante do resultado do contato, que para ele é a formação de uma cultura híbrida católica congolesa, crioula ou afro-cristã (como definiu em trabalho recente). O campo religioso é um objeto que privilegiamos em nossa discussão, portanto, discutiremos a ideia de Thornton sobre a formação de um cristianismo congolês como eixo para o debate mais amplo. Tratarei de sua ideia, presente em obras mais antigas, de formação de uma igreja católica africana no Congo, em seguida debateremos o recente uso do conceito de "crioulização".[18]

O autor possui uma tese marcante e polêmica, no aspecto religioso, sobre a história do Congo, tendo sido o primeiro a defender que houve uma conversão "de fato" dos congoleses ao cristianismo, processo sobre o qual as elites do Congo tiveram papel ativo, que resultou num tipo particular de prática cristã e na formação de uma igreja católica institucionalizada no reino do Congo.[19] Ele flexibiliza as tradicionais noções estruturais, admitindo a possibilidade da incorporação ativa de um novo sistema religioso pelos africanos, feita por iniciativa própria e dentro da lógica particular dessa sociedade. A compatibilização do cristianismo ao "sistema religioso tradicional" foi feita, segundo Thornton, através de um "sistema de co-revelações". Ambos os sistemas religiosos, congolês e católico, tinham na

---

18   Heywood, L e Thornton J. *Central African Creoles and The Foundation of the Americas*. 2007.

19   Thornton, em geral, prioriza a terminologia política "congolesa" à denominação étnico-linguística "bacongo"; para o autor a unidade política é o fator identitário mais determinante nas sociedades da África centro-ocidental e não o fator linguístico.

revelação um elemento essencial de seu funcionamento e o diálogo foi possibilitado pelo compartilhamento de algumas delas. Primeiramente, um conjunto de sinais (sonhos de chefes e o encontro de uma pedra em forma de cruz) recebidos pelas elites governantes teria comprovado a legitimidade e poder dos novos símbolos trazidos pelos portugueses. A revelação decisiva ocorreria alguns anos após o batismo do Mani Congo Nzinga a Nkuwu, em um contexto de disputas internas sucessórias entre os filhos deste rei, que discordavam sobre a aceitação do cristianismo como "religião de estado".

A vitória do rei cristão D. Afonso Mvemba a Nzinga, através da intervenção divina do apóstolo Tiago teria aberto definitivamente espaço para a validade do catolicismo no Congo, conforme Thornon.[20] Após as revelações terem aberto caminho a aceitação da nova religião, figuras importantes como D. Afonso I teriam sido essenciais para disseminar e permitir uma apropriação do cristianismo pela população. Este soberano teria impressionado a muitos europeus pela sua dedicação aos estudos bíblicos, exercitado em profundas discussões teológicas com os padres. Como parte da estratégia de tornar o catolicismo uma religião "nacional" enviou seu filho Henrique a Lisboa, que retornou mais tarde como bispo ordenado, atuando no Congo de 1518 a 1531. Thornton chama atenção para a importância da estrutura educacional, com escolas de gramática e religião para jovens das elites congolesas, ensinadas por professores locais, que foram mantidas no reinado de seu sucessor Diogo I.

---

20 Thornton, John. The development of an African Catholic Church in the Kingdom of Kongo, p. 147-167.

Além das revelações, Thornton chama atenção para a característica da própria missão como incentivadora do desenvolvimento do catolicismo no Congo. Os padres iam ao reino como convidados do Mani Congo e sua sobrevivência dependia do consentimento de seu trabalho dado pelas elites e população local. Isso fez com que essas missões possuíssem um caráter absolutamente diferente da missão colonial nas Américas, marcadas pela problemática do colonialismo e escravidão. Para Thornton a missão no Congo era "inclusiva" ao invés de "exclusiva"; o que significa que quaisquer atitudes que não ferissem drasticamente os preceitos católicos eram aceitas, o que ocorreu em menor grau nas colônias. Além disso, para traduzir os termos religiosos cristãos os missionários usavam palavras em quicongo: como Nzambi a Mpungu para Deus, moyo para alma e nkisi para sagrado. O primeiro catecismo em quicongo foi publicado em 1555 por jesuítas e pareceu, para Thornton, ter tido grande uso no trabalho missionário. Para o autor, essas características permitiram uma aceitação popular e uma compreensão particular do catolicismo pelos congoleses. Os missionários ensinavam, batizavam e pregavam, mas não possuíam instrumentos de controle da população, uma vez que eles próprios eram submetidos aos reis do Congo. Portanto, para Thornton, o produto dessa missão não foi a dominação ou imposição de preceitos ortodoxos europeus, e sim o estabelecimento de um cristianismo "nacional" e popular congolês.[21]

---

21 Thornton, John. The development of an African Catholic Church in the Kingdom of Kongo, p. 147-167.

Thornton afirmou que o primeiro meio século de contato com os portugueses e o posterior trabalho de catequese promovido pela elite local foi responsável pela transformação radical da tradição religiosa congolesa. Em outros termos; os próprios congoleses, diante do novo repertório europeu, incorporaram diversas "novidades" e voluntariamente transformaram o sistema tradicional em um novo sistema, um sistema sincrético: uma nova linguagem que não exige traduções pois opera com a mesma naturalidade termos europeus e africanos, pois ela mesma teria ganho novo sentido na incorporação.

Essa tese é levada além quando o autor vê no Congo a gestação de uma cultura "crioula atlântica", o que aparece em seu livro mais recente, escrito em parceria com a historiadora Linda Heywood.[22] Essa ideia é fundamentada no trabalho do historiador Ira Berlin, que estabelece o espaço atlântico como um espaço de "crioulização", primeiro momento da gestação da chamada cultura afro-americana. O debate sobre contatos culturais, "crioulização" e origem da cultura afro-americana nos Estados Unidos é bastante polarizado e complexo, e não nos aprofundaremos nele especificamente.[23] O que se faz relevante às nossas finalidades é o observar que Thornton elenca o Congo (dentre outros com graus de importância menores) como local privilegiado fundação desta "cultura atlântica

---

22 Heywood, L e Thornton J. *Central African Creoles and The Foundation of the Americas, 1585-1660*. Cambridge. Cambridge University Press. 2007.

23 Para uma análise aprofundada destes debates antropológicos em torno da "cultura afro-americana" ver: Marcussi, Alexandre A. *Diagonais do Afeto Teorias do intercâmbio cultural nos estudos da diáspora africana*. Dissertação de Mestrado. Universidade de São Paulo. 2010.

crioula", protagonizada pelos congoleses, sendo ela anterior ao contexto escravista da diáspora.[24] Através da defesa da existência do "catolicismo congolês" que evolui para uma "cultura crioula" o autor defende a existência de um processo de total ressignificação na tradição religiosa e social congolesa. Esse processo se justificaria a partir da premissa do autor de semelhança entre o universo mental católico e congolês, uma interpretação que fez com base em sua extensa pesquisa historiográfica das fontes missionárias. Esta ideia das similitudes culturais e dos interesses mútuos como operadores das mudanças históricas aparece em seus primeiros trabalhos, e confrontava a interpretação hegemônica até então (no contexto da descolonização e independências africanas) dos já citados intelectuais que viam a configuração de uma "situação colonial", mesmo em períodos (ou regiões) em que não havia ocupação e controle efetivo europeu sobre o território, como o caso do Congo. Ou seja, para estes estudiosos o contato com os portugueses e com o cristianismo teria sido, desde o início, um marco da sociedade congolesa rumo à situação colonial que viria mais de três séculos mais tarde.[25]

Como havia feito Vansina de forma mais panorâmica, Thornton utilizou massivo corpus documental, extraindo deles dados quantitativos, para combater até mesmo a possibilidade dos Portugueses no início da época moderna exercerem qualquer tipo de domínio sobre as elites políticas do Congo.

---

24 Berlin, Ira. *Many Thousands Gone: The First Two Centuries of Slavery in North America*. Cambridge. Harvard University Press, 1998.

25 1968, Van Wing: Études Bakongo. 1921; Jean Cuvelier: *L'Ancien Royaume de Congo*. Bruxelas, 1946 e Randles: *L'ancien royaume du Congo*. 1968. Balandier, G. *Daily life in the Kingdosm of Kongo*. 1969.

Ele chama atenção às semelhanças ente Congo e Portugal, no início do século XVI aos meados do XVII, sob aspectos econômico, demográficos, das técnicas, da organização de poder, entre outros. Segundo tais critérios, o Congo teria sido equiparável, se não superior a Portugal. Do ponto de vista cultural, a cristianização e a incorporação do vocabulário da realeza portuguesa no sistema político congolês foi uma operação natural, uma vez que os padrões locais da organização social e da hierarquia política eram suficientemente semelhantes a uma sociedade de antigo regime europeia.[26]

De acordo com esta linha interpretativa, o Congo, para um observador europeu, assim como Portugal, para o congolês, teriam sido muito menos exóticos (culturalmente, economicamente e na organização de poder) do que a historiografia e a antropologia anterior assumia. Desta forma, o historiador muda a perspectiva da alteridade para a semelhança, da tradução para incorporação. Movimento que ocorreu e apenas foi possibilitado, em nossa concepção, pela recusa do uso do instrumental antropológico pelo autor.

Trazendo à tona a discussão anterior sobre o uso do material antropológico (principalmente dos estudos de MacGaffey) para os estudos históricos dos contatos entre culturas, podemos apresentar os termos "tradução" e "crioulização" como conceitos distintos. As traduções simplesmente tornam inteligíveis um determinado elemento, ou um conjunto deles, de um sistema ao outro sem questioná-los de maneira significativa. A "crioulização" implica no nascimento de um novo idioma

---

26 Thornton, J K. Early Kongo Portuguese relations: a new interpretation. *History in Africa*. V 8. New Jersey. African Studies Assiciation, 1981, p. 183-204.

baseado em dois, ou mais, sistemas linguísticos diferentes, que ao serem diluídos, teriam perdido seus sentidos originais em favor de um novo sistema. Defendemos aqui que resultados tão diferentes foram alcançados pelas tradições historiográficas sobre o reino do Congo, uma vez que os estudiosos optaram por diferentes atitudes metodológicas frente às fontes.

No processo de um trabalho histórico sobre sociedades africanas do período "pré-colonial", buscando um estatuto de historicidade, enfrentam-se muitas dificuldades de diferentes naturezas: escassez e unilateralidade das fontes, questões teóricas, metodológicas, entre outras. A historiografia analisada sobre o Congo, como vimos, respondeu às dificuldades de maneiras particulares entre si e obteve resultados igualmente particulares e frutíferos, trazendo à tona discussões de significativa importância. Desta forma, vem contribuindo para o processo de construção do campo da história africanista e para o ofício do historiador de maneira geral.

Dialogaremos com cada uma das posturas teórico-metodológicas a partir dos capítulos seguintes, principalmente terceiro e quarto capítulos, que tratarão com mais pormenor da importância da relação das elites políticas com os elementos católicos como prismas para compreensão dos processos históricos no Congo do período pós-restauração.

Capítulo 2: "Renovar a Antiga amizade": a missão e o "negócio dos brancos"

Este capítulo pretende uma incursão introdutória pela documentação, sendo o primeiro contato com as fontes neste trabalho. Como observamos no capítulo anterior, são muitos os desafios na reconstrução da história africana a partir de fontes europeias, o que exige do historiador uma postura muito atenta e rigorosa crítica documental. Neste sentido, antes de levantarmos questões e buscarmos respostas sobre o caráter específico do catolicismo dentro da organização social e política do Congo pós-restauração, faremos aqui uma análise da missão católica que levou os missionários autores das fontes ao Congo, buscando uma compreensão das intencionalidades declaradas e ocultas deste projeto. Por isso, este capítulo não privilegiará uma visão interna ao Congo, o que faremos nos seguintes, mas a relação entre Congo e Luanda, que nos mostra vinculações entre catolicismo, missão e tráfico de africanos escravizados na segunda metade do século XVIII. Este exercício é basilar para uma análise das fontes consciente da complexidade do jogo de interesses envolvia o trabalho missionário no Congo do período.

Para contextualização do sistema comercial congolês utilizaremos o trabalho da historiadora norte-americana Susan Herlin Broadhead, principal estudo dedicado especificamente ao período, que contempla habilmente a conjuntura econômica da costa congolesa no contexto de fragmentação política e econômica.¹ Este trabalho será uma importante ferramenta para compreendermos a centralidade da questão comercial para as fontes disponíveis sobre o período. Utilizaremos também importantes trabalhos de Thornton, que apesar de não tratarem diretamente sobre nosso período nos oferecem (devido à profundidade pela qual tratou dos temas) elementos para compreendermos as complexas redes comerciais.

Fragmentação econômica e tráfico de escravos

A história do reino do Congo no Século XVI e XVII, bastante explorada pela historiografia, como apresentamos anteriormente, foi um período de intensa relação com europeus: missionários católicos e mercadores de escravos na costa congolesa. Desde o reinado de Afonso I, iniciado em 1509 até a morte do rei Garcia II em 1641, a política congolesa foi marcado por significativa centralização do poder, incentivo na adoção do cristianismo e de outras características culturais europeias, e no campo econômico por intenso comércio de africanos escravizados com mercadores portugueses na costa. Esses fatores, unido ao estrito controle sobre as rotas de escravos pelos reis congueses do período permitiu que fosse estabelecida uma parceria comercial sólida entre Portugal e Congo, bastante lucrativa para ambos os reis.²

---

1   Broadhead, Susan H. *Trade and Politics on the Congo coast*; e *Beyond Decline: The Kingdom of the Kongo in the Eighteenth and Nineteenth Centuries*, p. 615-650.

2   Havia já desde meados do século XVI a presença de mercadores franceses, ingleses e holandeses, mas sua atividade ganhou volume em relação à lusa a partir de meados do século XVII.

Em meados do século XVII instaurou-se uma crise política no Congo e o poder do rei Garcia II se encontrava ameaçado, sobretudo por razões internas, como conflitos com rivais da importante província de Soyo. Além das turbulências internas havia também forte ameaça externa dos portugueses, que através da conquista de Angola partiram para hostilidades militares nos territórios vizinhos, principalmente aqueles que na época apoiavam os holandeses que ameaçavam as conquistas portuguesas na África. Esse contexto de turbulências internas e externas culminou em guerra no ano de 1665, na qual o exército do Congo enfrentou o grupo pró-português na estratégica região de Ambuíla, no vale do rio Ulanga. Foi uma batalha de enormes proporções; missionários que a presenciaram estimaram quase cem mil congoleses compondo o exército, em relativa igualdade numérica com o grupo pró-português. Apesar desta paridade, o exercito português encontrava-se melhor aparelhado e organizado (principalmente devido à presença massiva de jagas, guerreiros profissionais contratados) e a derrota conguesa foi contundente e traumática, contabilizando centenas de baixas de membros da elite e o próprio rei do Congo Antônio I. Após a guerra, as disputas sucessórias internas ao Congo, capitaneadas pela província de Soyo (dentre outras), acirraram antagonismos, gerando acentuado processo de desorganização política e econômica.[3]

A crise ocorrida após a batalha em Ambuíla contribuiu para o enfraquecimento do poder do Mani Congo e possibilitou a

---

3   Thornton, John K. *The Kingdom of Kongo. Civil war and transition.* 1641-1718. Winsconsin press. 1983, p. 69-83. E: The origins and early History of the Kingdom of Kongo, 1350-1550. *International Journal of African Historical Studies*, V34. Cambridge, Cambridge Univ. Press, 2001, p. 89-120.

ascensão dos poderes locais, causando intensa fragmentação comercial. Membros das elites das províncias, que antes não participavam autonomamente do comércio de escravos, passaram a controlar rotas que levavam menor volume de mercadorias do interior para a costa e a venda dos escravizados para mercadores nos portos mais próximos, tornando-se assim novos alicerces do tráfico de escravos, realizado, sobretudo com holandeses, ingleses e franceses, que aproveitando a tendência à fragmentação passaram a dominar este comércio, aliando-se diretamente com pequenas chefaturas na costa. A fragmentação desse comércio também ocorria nos interiores, em rotas que conectavam os mercados de escravos aos portos na costa, por onde passavam as caravanas. Os mercados no interior tornaram-se importantes pontos de comércio, não só de escravos, como de outros bens. Susan Broadhead afirma que as caravanas para a costa passaram a ser estritamente geridas pelos chefes locais. Segundo a autora, o tráfico teria proporcionado às elites mais do que controle sobre os bens, ampliando as redes de alianças locais e ampliado o número de dependentes, principal fonte de legitimidade e poder no sistema sociopolítico conguês.[4]

A busca por legitimação dessa elite e o intenso controle local sobre as feiras e caravanas fez da segunda metade do século XVIII um período de absoluto controle africano sobre a escravização e venda de cativos no reino do Congo. Poucos europeus lograram ir além dos fortes no litoral, exceção feita aos entornos de Luanda, onde Portugal controlava mais

---

4   Broadhead, Susan H. *Trade and Politics on the Congo coast*, p. 47.

diretamente as rotas de escravos através de alianças com sobas avassalados, através da agência de mestiços europeizados.⁵

Comércio de escravizados na costa congolesa

No período pós-restauração, negociar com portugueses já não era atraente às elites locais do Congo, uma vez que seus produtos eram mais onerosos (devido às taxações sofridas pelas autoridades de Luanda) e de menor valor relativo com relação aos produtos ingleses, holandeses e franceses, uma vez que estes tinham acesso a bens (tecidos, armas de fogo e itens de luxo em geral) mais apreciados. Além disso, os agentes do império lusitano em Luanda passaram a representar significativa ameaça da hegemonia política e comercial das elites congolesas após. Esta inimizade foi gradativamente esfacelando e distanciando S. Salvador de Luanda, ao longo do século XVII, com auge na agressiva postura do governo geral de João Correa de Souza (1621-1624) em Luanda. Em especial após a aproximação com holandeses, que ameaçavam (comercial e militarmente) possessões portuguesas no ultramar.⁶ A desestruturação do poder central no Congo, que gerava muitas guerras civis, absteciam os navios holandeses, ingleses e franceses nos portos de Ambriz, Mpinda, Cabinda, Malemba e

---

5 Broadhead, Susan H. *Trade and Politics on the Congo coast*, p. 37-50.

6 Thornton, John K e Mosterman, Andrea. A Re-interpretation of the Kongo-Portuguese War of 1622 According to New Documentary Evidence. *Journal of African History*, n 51. Cambridge, Cambridge University Press, 2010, p. 236-242.

Loango, o que tornava a aliança com portugueses supérflua às elites comerciais conguesas.[7]

As rotas ao sul do Congo não cessaram completamente o negócio com mercadores portugueses, afro-portugueses, e brasílicos que levavam escravos ao porto de Luanda. No entanto, ao longo do século XVIII, estes passaram a receber uma fatia cada vez menor da participação no comércio humano frente aos portos ao norte.[8] Alguns tradicionais itinerários para Luanda, ainda operavam nas décadas finais do século XVIII, como a do rio Nkisi, no interior do reino, e as rotas que passavam pela província fronteiriça de Ambuíla, de onde vinham mercadores originário de Quibango, interessados especialmente em ferramentas, aguardente e tecidos. Também de Mbamba chegavam tratantes à Ambuíla, particularmente interessados em conchas de alto valor chamadas nzimbu, abundantes na ilha de Luanda, e utilizadas como moeda corrente no Congo.[9]

As antigas rotas de Mbamba, em direção ao sul, para Luanda e Ambriz foram, ao longo do século XVIII, direcionadas aos ingleses, que gradativamente dominaram o porto

---

7   Broadhead, Susan H. *Trade and Politics on the Congo coast*, p. 53-72.

8   Frei Raimundo observou: "*Os de Bamba fazem o seu negócio com os Ingleses no porto do Rio Loge, no marquesado do Mussulo, e vendem os escravos por espingardas, louças, pólvora e panos. Dos de Chibango, alguns vendem os escravos em Ambuela e outros sítios da Conquista de Portugal, mas para receber só aguardente, enxadas e alguns bons tecidos, mas a maior parte e os melhores escravos vendem-nos aos Ingleses e para Luanda levam apenas os que os Ingleses não querem, como sejam os homens de idade, as mulheres que já deram à luz por diversas vezes e os meninos pequenos, e o mesmo fazem os de Bamba, para receber dos Senhores Portugueses o zimbo, que é o dinheiro deles*". Correa, Arlindo. Informação o reino do Congo por Raimundo Dicomano (...), p12. Essa mesma reclamação é constante na correspondência entre Luanda e S. Salvador ao longo da segunda metade do século XVIII.

9   Correa, Arlindo. *Informação o reino do Congo por Raimundo Dicomano* (...), p12.

de Ambriz, minguando a participação portuguesa.[10] Este importante entreposto, na foz do rio Loge, encontrava-se entre duas províncias: Mbamba ao norte e Mossul ao sul. O controle deste porto foi excepcionalmente desejado pelos portugueses, por ser o mais próximo à Luanda da costa conguesa, tornando-se área de intensos conflitos. Entre 1752 a 1800 a hegemonia comercial inglesa em Ambriz foi absoluta, com aproximadamente doze mil escravos adquiridos frente a menos de quatro mil pelos franceses. Para os navios de bandeira lusa (incluindo brasílicos e "angolanos") a cifra não era significativa, ao ponto de não aparecer na base de dados, apesar de ser provável haver algum comércio informal ou clandestino.[11]

A província (politicamente autônoma) de Soyo controlava o importante porto de Mpinda, na foz do caudaloso rio Congo. Este foi o mais antigo entreposto comercial congolês, no qual aportaram os primeiros navios portugueses ainda em 1483. Este porto era rigorosamente controlado pelas elites de Soyo. Apesar disponíveis na completa base de dados SlaveVoyages, temos notícia através das fontes que a presença inglesa e holandesa era massiva, com participação significativa também dos franceses. Os escravos vendidos em Soyo tinham duas origens principais. Primeiramente de guerras feitas por próprios membros da elite provincial, principalmente em

---

10 Thornton, John. *The Kongolese Saint Anthony. Dona Beatriz KimpaVita and the Antonian moviment*, p. 100-104.

11 As informações quantitativas do tráfico de africanos escravizados encontram-se na monumental base de dados Slave Voyages do Du Bois Institute, Harvard University, onde é possível discriminar cada um dos portos da costa congolesa, cruzar dados com portos de desembarque e com a nacionalidade dos navios em questão, assim como o perfil dos homens e mulheres escravizados e embarcados nos diversos portos da África dos séculos XV ao XIX. Online em: www.slavevoyages.org.

períodos de instabilidade política. Mesmo não sendo desde meados do século XVII sujeito ao Congo, tampouco disputar a coroa congolesa, as elites de Soyo continuavam muito ativas na política interna congolesa.

O apoio militar de Soyo era essencial para a consolidação de facções no poder durante períodos de rivalidades, portanto, as guerras civis no Congo alimentavam a venda de escravizados no porto de Mpinda. Porém, na segunda metade do século XVIII, por ser um período de pouca ação militar em Soyo a demanda era suprida por caravanas vindas do interior comandadas por mercadores mobire (singlular: vili), principalis responsáveis pelas rotas do interior ao litoral no período.[12]

Originários de Loango, ao norte do rio Congo, os mobires eram falantes de quicongo e culturalmente aparentados aos congueses. Desde o século XVI, fontes portuguesas apontam para o grande poderio econômico e hegemonia comercial dos mobire ligados ao Maloango (ou Mani Loango: soberano de Loango), mas sua atuação é provavelmente bastante anterior. A partir de meados do século XVII, tornaram-se os principais agentes comerciais nos interiores do Congo, ligando grandes feiras no interior, como de Malemba aos portos da região do grande rio (em Soyo, Kakongo, Ngoyo e Cabinda). Negociavam tecidos de palma, manilhas, marfim e monopolizavam a fundição do ferro e o transporte de cobre para o litoral. Tornaram-se, ao longo do século XVII, os controladores das rotas ao norte do Congo.[13]

---

12   Correa, Arlindo. *Informação o reino do Congo por Raimundo Dicomano*, p. 12.
13   Dias, Jill R. Novas identidades africanas em Angola no contexto do comércio atlântico. In: Bastos, Cristina; Almeira, Miguel e Feldmer-Bianco, Bela (orgs). *Trânsitos Coloniais. Diálogos Críticos Luso-Brasileiros*. Campinas, Ed. Unicamp, 2009, p. 318-326.

Ao contrário das elites comerciais conguesas, os mobire pareciam apresentar pouco interesse na relação com o catolicismo, suas insígnias e missionários. Aparentemente não encontravam-se incorporados às relação de parentesco com as *makanda*. Eram errantes com grande capacidade de circulação por diversos territórios ao norte do Congo, através de alianças locais.[14] Apesar disso, há evidências da presença de vários deles em S. Salvador, desde a restauração capitaneada por Nessamo a Mbandu em 1709 e parecem ter sido importantes alicerces econômicos do novo sistema político que se reestabelecia em Mbanza Congo.

Mesmo em períodos anteriores à restauração e desorganização política do Congo, havia comerciantes de origem vili em atividade na capital. Uma característica marcante deste grupo era sua ligação às sociedades lemba, que assim como os kimpassis congueses, eram associações rituais secretas e iniciativas, no caso da lemba estritamente ligada ao comércio. Thornton argumenta que os rituais lemba teriam sido essenciais para a prática cotidiana do trato de seres humanos, por ser uma atividade geradora de significativo desequilíbrio devido às mortes ou malefícios aos vivos. Portanto, esta atividade demandaria ritualização fortemente especializada, para reequilibrar as forças e não causar infortúnio aos próprios comerciantes.[15] Segundo Jill Dias dá ênfase às características mais temporais da lemba, como reguladores e organizadores

---

14 Thornton, John. *The Kongolese Saint Anthony. Dona Beatriz KimpaVita and the Antonian movement*, p. 100-104.

15 Thornton, John. *The Kongolese Saint Anthony. Dona Beatriz KimpaVita and the Antonian movement*, p. 102-103.

do comércio e rotas, uma espécie de associação profissional.[16] Ambas as esferas nos parecem complementares.

Para além da significativa atuação no porto conguês de Mpinda, os mobire tinham como portos privilegiados, naturalmente, aqueles ao norte do rio Congo, fora do então território conguês no período. Os principais eram (do norte para o sul) Loango, Malembo e Cabinda. Estes três portos exportaram, na segunda metade do século XVIII, um total de mais de duzentos mil africanos para as Américas. Deste número, mais de 70% foi transportado por navios de bandeira francesa, 14% por embarcações inglesas, 13% holandesas e menos de 1% embarcações com a bandeira do império português.[17] Segundo Frei Raimundo, os produtos pedidos nos portos ao norte do Congo, em troca de escravos, eram especialmente tecidos, pólvora, ferro, enxadas, dentre outros.[18]

Frente à tamanha insignificância da participação no lucrativo trato de escravizados na região, os portugueses forcejaram reverter tal desvantagem através do domínio militar. A partir de meados da década de 1770 partiram para ataques a região ao sul do reino do Congo, de tradicionais tensões luso-conguesas, objetivando controlar o as rotas e impedir a venda de cativos para seus concorrentes europeus em Cabinda e nas embocaduras dos principais rios congoleses: Ambriz e Congo. Mas a estratégia de construir fortes nessas regiões não

---

16   Dias, Jill R. Novas identidades africanas em Angola no contexto do comércio atlântico, p. 321.
17   Base de dados do tráfico de africanos escravizados da W.E. B. Du Bois, disponível eletronicamente em www.slavevoyages.org
18   Correa, Arlindo. *Informação o reino do Congo por Raimundo Dicomano* (...), p. 12.

funcionou como em territórios ambundos, mais próximos de Luanda, nos quais Portugal dispunha de alianças.[19]

Na região tradicionalmente conguesa, lusitanos não lograram em concretizar acordos com chefes, tampouco submetê-los. Portugal conseguia vencer batalhas, devido ao grande poder de ataque de seu numeroso exército "profissional", composto majoritariamente por ambundos e jagas; porém era incapaz de se instalar definitivamente nas regiões. Pouco tempo após as vitórias, os africanos "contratados" ou avassalados se retiravam de volta aos seus territórios, deixando os oficiais remanescentes em pequeno número, que portanto eram facilmente expulsos. Conscientes desta fragilidade, os congueses evitavam os confrontos militares, deixando que os territórios fossem temporariamente ocupados. Assim que esvaziados os territórios, contra-atacavam com vigor enxotando-os de volta à Luanda.[20]

Além dos numerosos conflitos em território africano, os portugueses também travavam batalhas diplomáticas contra rivais europeus. O permanente intento da Coroa portuguesa em reassumir a hegemonia comercial nos portos ao norte do rio Loge descontentava às demais Coroas europeias e companhias de comércio, que tinham no comércio de pessoas uma importante fonte de enriquecimento.

Uma destas ocasiões foi a tentativa por parte dos portugueses de obstruir o trato franceses com reinos da região de Cabinda: Ngoyo, Loango e Malimba. Os franceses, diante da ameaça, enviaram uma expedição comandada pelo prestigiado almirante Marighy e após longas negociações, envolvendo

---

19 Broadhead, S. *Beyond Decline* (...), p. 615- 650.
20 Broadhead, S. *Beyond Decline* (...), p. 615- 650.

as nações europeias e as elites locais de Cabinda, os lusos se viram obrigados a abandonar o território em junho de 1784, antes do fim da construção do forte.

Semelhante fracasso ocorreu no ano de 1791, na tentativa de estabelecer uma fortificação na embocadura do Ambriz, um dos principais rios que escoavam mercadorias e pessoas para a costa. Nesta missão, tentaram submeter à província de Mossul, na época importante parceira de mercadores ingleses. Esta ousadia portuguesa gerou como contrapartida uma forte pressão diplomática da coroa londrina sobre D. Maria I, então rainha de Portugal, que foi obrigada a ordenar ao governador geral em Luanda que urgentemente demolissem o forte e abandonassem a região.[21] Apesar destas tensões entre europeus se inserirem em um contexto mais amplo de disputas ultramarinas, não podemos perder de vista a significativa agência conguesa no contexto das disputas com Luanda sobre a hegemonia do próprio território.

A tensão entre Congo e Luanda era tamanha, que portugueses, mestiços, ambundos, ou quaiquer suspeitos de ligação com Portugal correriam grande risco se adentrassem o território congolês sem autorização dos soberanos locais ou do rei, exceção evidente aos missionários, como no exemplo narrado por frei Rafael:

> (...) porque os brancos sós não poderiam viajar por estas terras de pretos [exceto talvez província de Ambuíla], sem um grande perigo, que o Padre os poderia guardar pelo respeito, que nos têm, e Deus mesmo assim o permitiria para acudir

---

21 Broadhead, Susan H. *Trade and Politics on the Congo coast*, p. 114.

àqueles Cristãos, como fiz ainda que ao princípio, e ainda até o fim, com muitos trabalhos.²²

Essa hostilidade era assumida; os próprios congueses proclamavam a interdição, em forma de ameaça: *"como eles* [congueses] *diziam, aos brancos, que lhe não seria fácil passarem pelas suas terras em salvo, se não fosse o Padre".*²³

Para o Congo e Soyo, os holandeses foram parceiros decisivos a partir de início do século XVII, e utilizaram desta como estratégia importante para fazer frente ao expansionista colonial português.

Em trabalho recente, Thornton (com colaboração da historiadora holandesa Andrea Mosterman), apresenta evidencias através da análise de fontes neerlandeses, que apontam para uma significativa parceria diplomática entre Congo e a Companhia das Índias Ocidentais e a importância desta para os desdobramentos que a História centro-africana teve em meados do século XVIII.²⁴

Thornton contextualiza o governo geral de João Correa de Sousa em Angola, na década de 1620, como o momento de viragem para uma política lusitana de hostilidades declaradas ao Congo, com o objetivo de ampliar o mercado de escravizados pela guerra e ocupação militar, ao contrário da política de alianças em voga até então. Este momento mostrou-se decisivos, no qual Luanda torna-se concretamente uma ameaça à soberania conguesa. As tensões geraram uma batalha na

---

22 Frei Rafael Castello de Vide. Viagem e missão no Congo, p. 263-264.
23 Frei Rafael Castello de Vide. Viagem e missão no Congo, p. 267.
24 Thornton, John K. e Mosterman, Andrea. A Re-interpretation of the Kongo, p. 236-245.

região de Mbumbi, em Mbamba, invadida pelo exército a serviço de Portugal, composto em sua maioria por jagas.[25] Como consequência, houve saques e escravização indiscriminada de congueses na região, incluindo familiares do Mani Mbamba, embarcados à América portuguesa pelo porto de Luanda. Segundo nos relata Thornton, a derrota nesta batalha alimentou o sentimento antilusitano que mobilizou diferentes chefaturas conguesas (com forte apoio de Soyo), que acarretou em um potente contra-ataque que recuperou o domínio sobre a região. O Mani Congo Pedro II Necanga a Mbica e o Mani de Soyo D. Antônio foram líderes importantes neste contexto. Ambos enviaram correspondência para autoridades flamengas através de mercadores de escravos, propondo aliança militar contra o então inimigo comum.

A carta do rei Necanga a Mbica teria proposto, segundo Thornton e Mosterman, o ataque marítimo e ocupação neerlandesa à Luanda, através do apoio do terrestre das tropas do Mani Congo e Mani Soyo. Pedro II Necanga a Mbica comunicou também o Vaticano, reclamando ao papa sobre a política moralmente duvidosa dos portugueses. Ainda, apresentou queixa formal contra o governo de Angola junto ao então rei de Portugal e Espanha Felipe III. A questão chegou ao julgamento do Conselho Ultramarino luso, que repudiou a ação de Correia de Sousa, e decidiu pelo retorno imediato de cinquenta e três membros da elite de Mbamba de terras brasílicas. Segundo Thornton e Mosterman, nos anos seguintes

---

25 Thornton, John K. e Mosterman, Andrea. A Re-interpretation of the Kongo, p. 236-248.

mais de mil mbambenses foram enviados de volta à terra natal como retratação.[26]

Os planos do ataque Congo-holandês à Luanda esfriaram com a morte de Pedro II, seu idealizador. O plano foi adiado após a queda do governador Correa de Sousa em 1624 e a adoção de política mais amena pelo novo governador Simão de Mascarenhas, intimidado pelo comprovado poder diplomático do Congo no contexto internacional.

O projeto de ataque à Luanda se concretizou anos mais tarde em 1641, quando os holandeses, assistidos pelo rei do Congo, invadiram e ocuparam Luanda e outros territórios do império português na região. O período holandês em Luanda (1641-1648) ocasionou a aproximação comercial ainda maior entre Congo e Companhia das Índias Ocidentais, que ocupava também Pernambuco, para onde foi enviada uma embaixada do rei do Congo em 1643.[27]

Através das indeléveis descobertas historiográficas de Thornton e Mosterman, notamos que a crescente tensão entre Congo e Portugal no decorrer do século XVII, para a qual a aliança com holandeses foi determinante, teve na guerra de Ambuíla apenas o seu ápice, e não a sua causa maior (como previam autores anteriores). O resultado destas décadas de conflitos foi a permanência de uma polarização entre Congo e Luanda na África centro-ocidental como "potências" antagônicas, contínua ao longo do século XVIII e XIX, determinante para compreendermos as motivações do projeto missionário

---

26 Thornton, John K. e Mosterman, Andrea. A Re-interpretation of the Kongo, p. 242.

27 Thornton, John K. e Mosterman, Andrea. A Re-interpretation of the Kongo, p. 236-242.

que levou nossos principais testemunhos ao Congo; necessária, por conseguinte, para quaisquer usos historiográfico das fontes.

Interlocutores e intencionalidades nos textos missionários

O relatório de Frei Rafael Castelo de Vide é o principal e mais extenso documento missionário conhecido que data da segunda metade do século XVIII. Este frei franciscano missionou por aproximadamente dez anos no reino do Congo (1779 a 1788) e durante esse período presenciou diversos acontecimentos políticos, por ter sido vigário geral do Congo, passou a maior parte de seu tempo estabelecido na capital e teve relação próxima com os reis do Congo e seus dignitários. Além disso, viajou para diferentes províncias, próximas ou afastadas da capital, mantendo estreito relacionamento com as elites locais de diversos territórios.

O relatório dos dez anos de missão de Frei Rafael encontra-se disponível (em versão copiada) como um mesmo documento, bastante extenso e organizado cronologicamente na forma de um diário. Mas de fato foi fruto da junção de quatro textos de autoria do mesmo padre, escritos em datas diversas, por isso em contextos e com objetivos particulares. Se nos ativermos ao caráter informativo dessa documentação, não encontraremos muitos elementos para a compreensão das motivações e dos bastidores desse projeto missionário, tampouco sobre a relação da missão com a conjuntura comercial da costa congolesa. Naturalmente, o texto de Frei Rafael é focado em assuntos religioso que envolvia seu trabalho de catequese, mas há por detrás dessa intencionalidade primária, uma estrutura institucional que patrocinava a missão e oferecia condições materiais para o sustento dos missionários e da própria liturgia católica. Uma ferramenta que dispomos para acessar essa estrutura oculta à missão é o questionamento acerca da finalidade do produtor e interlocutores dos textos. O fato de o documento ser composto por quatro diferentes relatórios, produzidos e remetidos em diferentes contextos, enriquece as possibilidades de leitura crítica interna à fonte.

No primeiro relatório, enviado em 16 de Julho de 1781, de Vide se concentra em seu primeiro ano de missão, fala principalmente sobre a viagem de Portugal à Luanda e de lá para o reino do Congo. O principal interlocutor desse texto aparece explícito no início do relatório: "Ex.mo Ir. Provincial da província de Piedade":[28] província franciscana em Portugal na qual Rafael Castelo fora formado e era submetido. O objetivo central deste primeiro texto é dar satisfações ao seu superior na ordem sobre os progressos da missão, deixando evidente que o relatório foi escrito por encomenda do próprio gerente provincial. Nessa primeira relação não se evidenciam outros interlocutores ou possíveis interessados na leitura do texto para além deste. O objetivo parece ser simplesmente dar as primeiras notícias sobre a chegada em Luanda e o estado de sua saúde, longe de minúcias e especificidades das missões ou do território africano.

O segundo texto, escrito pouco mais de um ano depois foi igualmente endereçado ao "provincial", mas neste recebemos informações de outros possíveis interlocutores:

---

28 Frei Rafael Castello de vide. Viagem e missão no Congo, p. 267.

A segunda relação da minha Missão, que faço com os fins nela mencionados; e porque foram outras para o Ex.mo Senhor Bispo e Senhor General, quero igualmente fazer uma para animar meus irmãos, se alguém quiser ocupar-se de tão meritório fim [: aderir às missões].[29]

Nos chama atenção o fato do missionário citar cópias anteriores remetidas à principal autoridade eclesiástica e militar de Luanda, ambos portugueses ("Ex.mo Senhor Bispo e Senhor General").[30] Temos outras evidências do interesse por parte dessas duas autoridades por informações pragmáticas sobre a situação congolesa. Em carta enviada pelo mesmo bispo de Angola e Congo: Frei Alexandre da Sagrada Família, para um oficial da Coroa em Lisboa em 1785, é citada a importância e necessidade de receber notícias atualizadas e claras do missionário sobre o reino do Congo: "*Escrevi a Frei Rafael, rogando-lhe que viesse a esta cidade, a fim para me dar em voz as informações que por escrito sempre são escassas e confusas, e pouco úteis(...)*".[31] O questionamento quanto à escassez ou pouca utilidade das informações é algo que

---

29 O bispo citado é o de Angola e Congo (cargo nominal mas a diocese era sediada em Angola) Alexandre da Sagrada Família que ocupa o posto em Luanda, e Senhor General trata-se do Capital Geral (ou capitão Mor) maior autoridade militar portuguesa na África que ocupava o posto em Luanda. Seus "irmãos" seriam os missionários franciscanos da mesma província de Piedade. Frei Rafael Castello de Vide. Viagem e missão no Congo, p. 107.

30 Infelizmente não temos notícia do paradeiro de outras versões do relatório de de Vide além da que dispomos.

31 Arquivo Histórico Ultramarino, AHU, papéis de Angola, cx 70, doc 28. Possuo versão digitalizada. além das transcrições disponibilizadas por Arlindo Correa em: www.arlindocorrea.com.

chama atenção na carta do bispo, evidenciando interesses que iam além às questões da fé.

Motivações temporais envolvendo a missão no Congo, por parte das autoridades portuguesas, tornam-se ainda mais perceptíveis na leitura do ultimo relatório escrito por Castelo de Vide em 1787. Neste, Frei Rafael deixa de apresentar colegas e superiores franciscanos como interlocutores, tampouco se dirige aos mesmos no texto, como fez nas correspondências precedentes. O texto apresentado é mais objetivo e realista, centrando-se nas dificuldades, condições e provações que envolviam seu trabalho; destacando fatos políticos internos e que envolviam o comércio de escravos. Notamos que atende às reivindicações do bispo, há pouco citadas, por informações mais pragmáticas, provavelmente explicitadas no encontro com o mesmo bispo em 1785 em Luanda. A mudança de seu foco narrativo provavelmente teria ocorrido por recomendações diretas. Certo rancor sobre a obrigação de dar informações "úteis" aparece no início de seu texto:

> Débeis serviços de inútil servo, indignos de se narrarem, e muito menos pela minha própria mão, motivo por que tenho demorado há três anos esta relação, ou também por me parecer não ter mais que dizer, que o que está dito nas relações antecedentes; mas a obediência me obriga, e me constrange com um rigoroso preceito, a que não resisto, mas, com amargura e temor, refiro o que tenho passado (...).[32]

---

32 Frei Rafael Castello de Vide. Viagem e missão no Congo, p. 229.

Ainda sobre a questão dos interlocutores e do contexto de produção do documento, é importante tratar do texto de autoria do frei capuchinho Raimundo Dicomano, escrito quase uma década mais tarde. Este não se organiza como diário de missão, mas um relatório descritivo, subdividido por tópicos temáticos, contendo digressões sobre características políticas, sociais e religiosas do Congo, com finalidades informativas. Assim sendo, ao contrário de deu antecessor, não se pode determinar por onde Raimundo viajou e quais foram as conexões que estabeleceu localmente ou externamente. Porém, ao confrontarmos possíveis projetos próprios ou de interlocutores na produção do relatório, podemos auferir alguns vestígios.

Antes disso, é importante compreendermos a especificidade institucional desse missionário em comparação com Castelo de Vide, que será importante para rastrearmos possíveis influências de interesses temporais lusos em seus intentos. Para tal, é essencial tratar brevemente sobre a origem da ordem capuchinha e sua expansão no contexto da política missionária do Vaticano.

Em 1622 foi criada no Vaticano a Sagrada Congregação da Propaganda Fide, com objetivos de renovação e intensificação da missão católica no ultramar. Até então, o papado vinha exercendo papel secundário nas missões ultramarinas, uma vez que, aos olhos da igreja, Portugal e Espanha (através do Padroado e Patronato) seriam os detentores e responsáveis pelas "almas" gentílicas no novo mundo. Apesar de controlarem apenas o clero secular, as coroas ibéricas tinham como "braço" a Companhia de Jesus, que nasce no século XVI, juntamente com o conceito de "poder indireto" ligado a uma tradição teológica formulada inicialmente por Francisco de Vitória, seguido por outros doutores da igreja como Francisco Suárez e Manuel da Nóbrega.

Esses importantes teólogos chamavam atenção para a necessidade de um projeto de conversão e tutela das populações locais das terras recém-conquistadas, como ferramenta de propagação da fé e conseguinte salvação das almas "gentílicas". Nesse contexto, o aparato colonial português e seu clero secular perderam importância e essa tutela torna-se uma concessão pela coroa e pelo papado à Companhia de Jesus. Há, desde o início, portanto, estreita ligação entre o projeto colonial português de expansão da fé e manutenção dos territórios ultramarinos com a Companhia de Jesus.

A criação da Congregação da "Propaganda Fide" (propagação da fé) significou uma virada na política eclesiástica e missionária do papado, que buscou controle mais direto das missões, retirando o monopólio que as coroas ibéricas e a Companhia de Jesus exerciam, inclusive nos territórios não conquistados, como o Congo. A criação da Prefeitura Apostólica do Congo, em 1640 pelo papa Urbano VIII, também foi sintomática desse movimento. A Propaganda Fide era diretamente ligada ao papado, que incentivava principalmente as atividades da ordem dos Frades Menores Capuchinhos.[33]

Os capuchinhos conquistaram rapidamente a hegemonia das missões no Congo, rivalizando com os jesuítas

---

33 A propaganda Fide organizava os territórios em "prefeituras", sempre um dos missionários das expedições é o prefeito, autoridade maior nomeada e subordinada diretamente ao papa: Thornton J. K. The development of an african Catholic Church in the Kingdom of Kongo, 1491-1750. *The jornal of African History.* Cambridge, Cambridge Univ. Press, p. 147-167.

portugueses, que cada vez mais se restringiam às conquistas no entorno de Luanda.[34] Para além da perspectiva eclesiástica europeia, houve fundamental agência dos congoleses neste processo de virada da política missionária no Congo, dada no já citado contexto de tensões entre o Mani Congo Pedro II Necanga a Mbica e o governador de Angola Correa de Sousa. Havia também uma forte insatisfação do soberano conguês (iniciada no governo de seu antecessor Alvaro III) a respeito da atuação do bispo de Congo e Angola Simão de Mascarenhas, que havia fugido em 1619 para Luanda, abandonando a sede do bispado em S. Salvador, para instaurá-la na conquista. Vimos que o rei do Congo era hábil articulador no plano internacional, e além de ter sido propositor da ocupação holandesa em Luanda (que ocorreria duas décadas depois) esteve em contato com o rei de Espanha e o Papa.[35] Pedro II, a partir desta tensão declarada com o bispado e os portugueses, reivindicou que o Congo tivesse bispado próprio, pedindo pela ordenação de Brás Correa, um religioso de sua confiança. O rei conguês reclamara que o Bispo Mascarenhas seria um agente dos interesses portugueses.[36] Ora, o mesmo bispo "fujão" tornar-se-ia capitão-general e Governador de Angola em 1623, provando

---

34 Gonçalves, Rosana A. *África Indômita*. *Missionários Capuchinhos no Reino do Congo (século XVII)*. Dissertação de mestrado em História Social. Universidade de São Paulo. São Paulo, 2008, p. 56-65. Trabalho esclarecedor para compreensão da especificidade da missão capuchinha e a relação estreita dessa ordem com o reino do Congo.

35 Thornton, John K. e Mosterman, Andrea. A Re-interpretation of the Kongo-Portuguese War, p. 147-167. Sobre as disputas políticas internas no Congo: Heywood, Linda e Thornton, John. *Central African Creoles and The Foundation of the America*, p. 135-143.

36 Thornton, John K. *The Kingdom of Kongo. Civil war and transition*, p. 69-83.

que as preocupações do soberano conguês eram acertadas e de fato o bispado parecia não passar de uma arma dos interesses comerciais e de conquista portuguesa no Congo.

As críticas de D. Pedro II podem ser entendidas, num escopo mais amplo, como críticas ao próprio monopólio estabelecido pelo Padroado e do uso que os portugueses faziam da estrutura eclesiástica como arma de conquista. O pedido do Mani Congo por um bispado próprio não foi atendido, mas de certo modo, a criação da congregação da Propaganda Fide e a consequente presença de capuchinhos italianos convergiram, não por acaso, com suas reivindicações, enfraquecendo a influência interna dos portugueses no Congo. Os soberanos seguintes, ao longo do século XVII passaram a ter nos religiosos capuchinhos italianos artifícios importantes de defesa de sua soberania frente à Luanda e na abertura de canais de comunicação diretos com o papado.

Voltando ao texto de Frei Raimundo frente à conjuntura do século XVII, suporíamos que por ter sido um capuchinho, não estivesse institucionalmente vinculado às autoridades portuguesas. Porém, ao investigarmos os propósitos da produção de seu relatório nos defrontamos com uma aparente contradição:

> Informação sobre o reino do Congo, apresentada ao Il.mo e Ex.mo Senhor D. Miguel António de Melo, governador, e Capitão Mor do Reino de Angola (...) Para satisfazer o pedido, que V. Ex.a me fez de lhe relatar por escrito o que vi e pude saber no decurso de três anos, que ocupei

indignamente o posto de Missionário do Reino do Congo(...).³⁷

Há outras evidências que vinculam a missão capuchinha no período com autoridades de Luanda. Em carta enviada em 1785 pelo bispo de Angola Alexandre da Sagrada Família a Martinho de Mello e Castro (Ministro da Marinha e Negócios do Ultramar) são citadas informações recebidas por capuchinhos, missionando em Soyo:

> Se não são encarecidas as notícias que este Padre me dá, só naquele Reino há alguma coisa de Religião, como também em Sonho, segundo notícias dos Capuchinhos o mais terreno onde os brancos põe os pés, está inteiramente perdido(...)³⁸

Podemos supor, baseando-nos na questão da interlocução das fontes, que a missão católica empreendida nas décadas finais do século XVIII era muito diferente daquelas de séculos anteriores no tocante à relação de dependência entre os missionários e a conquista lusa de Angola, em última instância à coroa portuguesa. Até mesmo missionários de outras nacionalidades e ordens religiosas vinculadas mais diretamente a Roma, como o capuchinho Dicomano, pareciam ser dependentes ou, em algum grau, sujeitos ao governador geral e bispado de Angola, autoridades que, como observaremos em seguida, guiavam-se por particulares ambições ao patrocinarem a retomada das missões ao Congo.

---

37 Correa, Arlindo. *Informação o reino do Congo por Raimundo Dicomano*, p. 2.

38 AHU, papéis de angola, cx 70, doc 28. Transcrição disponível eletronicamente: Correa, Arlindo. *O missionário e o Negócio*. 2007, p. 17. http://www.arlindo-correia.com/041207.html

Coroa portuguesa e o financiamento da missão

A evidência mais direta entre a relação do projeto comercial português com a missão católica no Congo durante a segunda metade do século XVIII aparece na questão do financiamento e preparação da missão, tema recorrente na documentação, principalmente no diário de Frei Rafael e nas cartas entre autoridades conguesas e lusas.

Logo no início de seu primeiro relatório, Castelo de Vide afirma:

> (...) foi esta Missão de grande empenho da Rainha Nossa Senhora, assim para restabelecer a Cristandade, que aqui foi plantada pelos Portugueses, como também para renovar a antiga amizade, que sempre houve entre o Congo e Portugal, e os Reis de um e outro Reino, o que esperamos conseguir pelo grande agrado, que temos encontrado neste Rei do Congo, e nos maiores fidalgos, anuindo a tudo o que se propõe, e esperamos principalmente nele integrar a Cristandade que aqui achamos muito descaída[39]

Adiante:

> Tendo a muito Augusta, Pia e Religiosa Rainha de Portugal, Dona Maria Primeira Nossa Senhora, que Deus guarde, mandado convidar toda a hierarquia eclesiástica do seu Reino para ir cultivar

---
39 Frei Rafael Castello de Vide. Viagem e missão no Congo, p. 4.

a vinha do Senhor, que em seu Estado de Angola
se encontrava quase toda dissipada (...)⁴⁰

Parece evidente que o projeto de intensificar as missões e de "reerguer" o catolicismo no Congo tinha como incentivadora a Rainha de Portugal D. Maria I, associando os objetivos "restabelecer a cristandade" e "renovar a amizade que sempre houve entre e Congo e Portugal", de grande interesse à coroa ibérica. D. Maria I assumiu o trono em 1777 num contexto de volta dos conservadores ao comando do reino português após a chamada "era pombalina" na qual ocorreu forte movimento antimissionário encabeçado pelo secretario de estado Marquês de Pombal, movido por preceitos do liberalismo e da ilustração, em alta em outras nações europeias no período. A rainha portuguesa assumia política absolutamente oposta à anterior, com forte ímpeto religioso, pelo qual ganhou o nome de "D. Maria I, a Pia". Realizou, no período, grande incentivo às missões e à ampliação do catolicismo no ultramar. Além das missões D. Maria patrocinou outras diversas medidas em Portugal e nas colônias como a publicação de um catecismo em quimbundo no ano de 1784, com o objetivo de facilitar a conversão e práticas da catequese na região de Angola.⁴¹

A expedição missionária que Frei Rafael de Vide integrou, atendendo à convocação da soberana portuguesa, levou à África vinte e cinco missionários, pertencentes a diferentes ordens, que partiram de Lisboa no dia 22 de junho de 1779.

---

40 Frei Rafael Castello de Vide. Viagem e missão no Congo, p. 6.
41 Vansina, Jan. Portuguese vs Kimbundu: Language Use in the Colony of Angola (1575-1845). In Bull. Séanc. Acad. r. Sci. Outre-Mer Meded. Zitt. K. Acad. overzeeseWet. 2001, p. 267-281.

Acompanhando os religiosos, estava o "Capitao General do Reino de Angola" José Gonçalves de Camara que segundo Fr. Rafael "trazia de nossa Soberana particulares recomendações" e foi personagem ativo na preparação e instrução dos religiosos. Após a chegada em Luanda os missionários foram delegados pelo Capitão Mor e o bispo para diferentes localidades, incluindo territórios nos interiores de Angola. Frei Rafael relata que a comitiva que saiu para o reino do Congo foi a última a partir em missão, uma vez que seriam prioridade do Capitão Mor e da Rainha e por isso deveriam encontrar-se melhor financiadas e mais instruídas para atender recomendações específicas. No dia 8 de Agosto de 1780 partiam os quatro missionários de diferentes ordens: dois franciscanos, um beneditino e aquele que foi o único companheiro de de Vide a sobreviver durante todo o período de seu relato: *"Pe. Andre de Couto Godinho, presbítero do hábito de São Pedro, clérigo preto, mas de alma bem branca pelas suas virtudes."*[42] Pe. Godinho aparece como figura ativa na narração de Frei Rafael, mas sem grandes especificidades sobre este personagem. Através de recentes trabalhos de Lucilene Reginaldo sabemos que Godinho tinha origem brasílica, nascido na então capitania de Minas Gerais. Recebeu rica formação teológica: licenciado e doutor pela Faculdade de Cânones, na Universidade de Coimbra (por vezes é chamado de "Pe. Doutor" por Rafael), apesar de ser clero regular, foi designado às missões, junto aos membros de ordens religiosas.[43] Infelizmente não temos acesso

---

42 Frei Rafael Castello de Vide. Viagem e missão no Congo, p. 23.

43 Reginaldo, Lucilene. *Homem preto, natural do Brasil, missionário no Congo: a história de André Couto Godinho e o contexto missionário no Reino do Congo (1779-1788).* Anais do XXVI Simpósio Nacional de História. ANPUH. São Paulo, 2011.

às especificidades que envolviam a designação deste padre especificamente ao Congo.

Não é possível sabermos o tamanho da comitiva que acompanhou os padres, mas ela parece ter sido composta por diversos carregadores, condutores e intérpretes, que levavam, além dos religiosos, muitos suprimentos, presentes e objetos de culto: rosários, hóstias, vinho, imagens de santos, entre outros; tudo isso patrocinado pela fazenda real.[44] Ademais do evidente empenho financeiro da coroa portuguesa na montagem da missão conguesa, dispomos de uma carta remetida em 1785 pelo bispo Frei Alexandre da Sagrada Família ao rei do Congo D. Afonso V que, dentre outras coisas, chama atenção ao alto custo dessas missões para a Rainha:

> Mas como nos consta que esta presente estação não é conveniente para viajar pelos sertões, o mesmo desejo de os assegurar a V. Majestade, nos obriga a demorar-lhes a partida, para tempo menos penoso e arriscado. Como o transporte dos outros Padres foi tão cheio de inclamidades, quiséramos que V. Majestade desse com tempo tais providências, que estes segundos possam chegar sem perigo à Corte de V. Majestade. Porque, Senhor, além de ser muito preciosa a vida de um Missionário, principalmente onde há tão poucos, deve-se também atentar a grande despesa que a Rainha Fidelíssima de Portugal, minha graciosíssima Soberana, faz com estes Padres,

---

44 Frei Rafael Castello de Vide. Viagem e missão no Congo, p 252-253.

que lhe custa cada um acima de setecentos mil
Réis de moeda Portuguesa(...).⁴⁵

O custo exagerado custo anual de setecentos mil Réis que afirma para cada um dos missionários devia incluir desde o custo com o transporte marítimo de Portugal até o abastecimento material para as missões, uma vez que são constantes as caravanas de Luanda carregadas de suprimentos eclesiais, assim como é patente no relato de frei Rafael a eventual carência dos materiais mais básicos: hóstias, vinho, cera e imagens. Além disso, o missionário recebia pagamento anual de oitenta mil réis da real fazenda.⁴⁶

Tendo em vista esse empenho financeiro e a dependência direta que os missionários e a (ao menos parte da) liturgia católica tinham da Coroa portuguesa, é patente a vinculação do projeto catequético com interesses temporais. Os religiosos, por sua vez, independentemente das cristianíssimas motivações, encontravam-se materialmente submetidos às autoridades portuguesas sediadas em Luanda.

Indícios apresentados anteriormente relacionam o projeto de cristianização ou "recristianização" do Congo aos interesses da coroa Portuguesa em retomar a privilegiada parceria comercial da qual desfrutavam até as primeiras décadas do século XVII. Ao cruzarmos estas evidências com o contexto comercial da costa congolesa na segunda metade do século XVII tratado a pouco, parece possível afirmar que a disseminação

---

45 Arquivo Histórico Ultramarino, AHU, papéis de Angola, cx 70, doc 28. Possuo cópias digitalizadas. Além das transcrições disponibilizadas por Arlindo Correa em: www.arlindocorrea.com.
46 Frei Rafael Castello de Vide. Viagem e missão no Congo, p. 223.

do cristianismo, que se acreditava decadente, era o meio pelo qual os portugueses buscavam retomar a aliança entre reis de Congo e Portugal, ungidas pelo catolicismo que compartilhariam. Se bem sucedida, esta empreitada daria então decadente coroa lusa, acesso ao lucrativo comércio de escravos na costa congolesa, que como averiguamos, era dominada por traficantes a serviço de outras nações.

Aceitando essa hipótese como provável, notamos que há outro desafio ainda maior para este intento português que deveria ir além de recompor a parceria com o rei do Congo, uma vez que processo de descentralização do poder político e econômico gerou plurais alianças com holandeses, ingleses e franceses. Diante da perspectiva lusa, não bastava reconstituir a aliança com o rei "católico", mas era importante que esse rei tivesse poder suficiente para que a aliança gerasse frutos comerciais para Portugal, ou seja, que esse rei tivesse poder sobre as rotas de escravos submetidas a si. Neste sentido, observaremos ações missionárias que iam de encontro com este preopósito.

É evidente que para designar missionários para estes fins, eles deveriam gozar de suficiente autonomia para intervir na política interna conguesa. Veremos no capítulo terceiro que esta questão é bastante mais complexa do que previam os portugueses e religiosos, e que a intenção do padre de ser autônomo esbarra nas intencionalidades internas das elites conguesas frente aos padres. As relações de dependência e conflito entre o missionário e o Mani Congo serão debatidas a posteriori, neste momento nos preocupamos, sobretudo em compreender a missão na perspectiva aos interesses comerciais portugueses e os desdobramentos históricos deste projeto.

D. José I e a reconquista de São Salvador

Após partirem de Luanda, passando por diversos povoados: mbanzas e aldeias de diferentes províncias, Frei Rafael e seus companheiros chegaram à região do rio Ambriz nas chamadas "terras da rainha", que se dividiam em algumas províncias, principalmente as vizinhas Mpemba e Mucondo: terras de origem do então rei D. José I, e que abrigavam principais aliados. As províncias (Mucondo e Mpemba) encontravam-se politicamente integradas, o que remete a o período que era governado pela eminente rainha Ana Afonso de Leão Mani Nlaza, fundadora desta kanda (grupo familiar-político organizado por parentesco) chamada quinlaza.

Ali, os missionários tiveram o primeiro contato com um importante membro da elite desta família; o então marquês de Mpemba D. Afonso de Leão, irmão de D. José I, foi responsável pela recepção dos padres. Na chegada à capital destas terras Mucondobamba, os missionários foram recebidos por uma grande comitiva composta por numerosos homens armados, músicos e dançarinos realizando os difundidos sangamentos (perfomances acrobáticas e musicais que simulavam uma batalha) em homenagem aos padres.[47]

Frei Rafael, descreveu seu anfitrião D. Afonso, o irmão do rei, de maneira vivaz:

> O irmão mais moço [do rei José I] chamado D. Afonso, em cuja Banza estivemos os três

---

[47] Infantes é o termo pelo qual a documentação, principalmente Castelo de Vide, trata dos principais nobres. Discutiremos especificamente sobre esse sistema de titulação no capítulo seguinte.

meses, é o mais atencioso, urbano, cortês, que temos encontrado de costumes, e urbanidade de Português; escreve este, e o lê, e entende alguma coisa, de grande estatura, e poderoso, mas humilde e sujeito à Igreja, de que é Mestre, ou Intérprete.[48]

A intenção inicial dos padres era utilizar as terras da rainha como ponto de passagem e descanso, uma vez que objetivavam o encontro com o rei D. José I em S. Salvador, porém, como o relato nos informa, ficaram retidos por três meses na localidade. Os quinlaza não permitiram que os padres seguissem viagem, afirmando haver um levante contra o rei, comandado por uma facção rival, e que não seria seguro ocupar a capital. O padre ficou intrigado com a atitude dos partidários de José I, que não ofereciam informações convincentes e pareciam esconder deles a situação política interna que envolvia o Mani Congo.[49]

Ainda mais desconfiado ficaram os missionários quando apareceu em Mucondo uma carta endereçada aos religiosos, entregue por um mensageiro de outra província, escrita por representantes da outra "parcialidade", que dizia que D. José I não seria o legítimo rei, e que seu antecessor Pedro V continuava vivo e reinando na capital. Os padres avaliaram-na bem escrita e convincente, o que levou Frei Rafael a levantar questionamentos sobre a veracidade dessas informações. D. Afonso

---

48 Frei Rafael Castello de Vide. Viagem e missão no Congo, p. 84.
49 Frei Rafael Castello de Vide. Viagem e missão no Congo, p. 72-86.

de Leão garantiu-lhes que o Mani Congo Pedro V existiu, mas já havia morrido, sendo sim D. José o verdadeiro soberano.[50] A carta citada causou grande revolta entre Afonso de Leão e seus aliados, que pretendiam punir seu portador. Frei Rafael foi obrigado a escondê-lo dentro da casa dos padres, que foi cercada pelos furiosos quinlaza. Os religiosos puderam convencê-los a permitir que o portador partisse ileso, usando-o para endereçar uma carta em resposta ao partido oposto. O padre afirma ter redigido, junto ao colega Godinho, uma resposta conciliadora, deixando claro que não apoiava nenhuma das facções e que não pretendia interferir na disputa, pois como missionário, teria obrigação de atender a todos, não se envolvendo em "temporalidades. Porém salientou que o rei do Congo deveria apenas um: legítimo pela justiça e por todo o povo.[51]

A kanda oposta aos quinlaza, que reivindicavam o poder chamava-se quimpanzo. Esses dois partidos rivais, desde a restauração em 1709, vinham-se alternando no poder em S. Salvador. Em geral os reis quimpanzo eram sucedidos por um quinlaza e vice-versa, neste caso (como debateremos no próximo capítulo) há um impasse relativo à sucessão e a presença dos padres sob a tutela dos quinlaza acirrou as tensões, colocando os missionários em situação complicada, uma vez que nada sabiam, até então, sobre o ambiente político interno.[52]

A desconfiança da legitimidade de José I fez com que Pe. André Godinho fosse ao encontro do suposto rei, para tentar resolver o impasse. Caso avaliasse que este era o verdadeiro

---

50 Frei Rafael Castello de Vide. Viagem e missão no Congo, p. 81, 82.
51 Frei Rafael Castello de Vide. Viagem e missão no Congo, p. 81-84.
52 Toso, Carlo. Relazioni inedite di P. Cherubino C. da Savona (...), p. 207.

Mani Congo, os missionários apressariam sua entrada em São Salvador para por fim nas tensões entre os dois partidos. Observemos esta interessante avaliação de Godinho as palavras de frei Rafael:

> Chegou enfim o Rei verdadeiro chamado Dom José Primeiro à sobredita Banza, aonde se achava o Padre, e vinha com todo o seu acompanhamento Real, levado em sua rede aos ombros dos pretos, coberto com um grande Guarda sol, seguido de muita gente armada, caixas de guerra, e vários instrumentos musicais da terra, a Rainha, Infantes e mais pessoas Reais; e logo depois de pouco tempo, que mandou chamar ao Padre. Este o achou em sua casa de palha, como todas as do Reino, mas com vários labirintos até se chegar a ele Rei, que o recebeu com agrado, mas com todo o ar de magestade, pouco ou nada diferente dos Reis da Europa, e conheceu o Padre ser este o verdadeiro Rei do Congo aclamado de todo o Povo, principalmente dos grandes, que todos aí corriam a beijar-lhe a mão.[53]

Mesmo tendo aceitado a legitimidade de José I, os missionários evitaram assumir uma postura parcial, ao menos este era seu discurso declarado, apaziguando os conflitos entre rivais. Um exemplo de atitude conciliadora por parte dos religiosos ocorreu durante a conquista de S. Salvador pelo grupo de Mucondo e a guerra com quimpanzo que ocupavam a

---

53 Frei Rafael Castello de Vide. Viagem e missão no Congo, p. 89, 90.

capital. Segundo o relato, "mais de trinta mil homens armados de pólvora e bala"[54] entraram em S. Salvador e venceream a guerra em menos de quatro horas. Depois disso, empilharam corpos dos inimigos na praça central recusando-se a enterrá--los. Frei Rafael relata que pela "superstição" do Congo, ao sepultarem os corpos dos perdedores, morreriam também em guerra futura. Mas os padres insistiram em realizar o funeral, afirmando serem *"corpos de cristãos, e que aqueles restos tinham sido templo do espírito santo"*.[55]

O argumento da cristandade aparece constantemente no texto do missionário e foi utilizado frente aos rivais para que se identificassem como membros de um mesmo grupo, irmanados pela religião. A difusão geral da ideia do Congo como um reino cristão, que encontrava respaldo na própria identidade política local, era argumento dos padres que, em última instância, sinalizava para a unidade política.[56]

Logo após se estabelecerem em S. Salvador e reerguerem algumas das antigas igrejas que se encontravam em ruínas, os padres Rafael e Dr. Godinho partiram para missão pelos interiores. Havia revezamento neste trabalho, uma vez que o mani Congo exigia que um deles estivesse na capital. Nos primeiros anos após a posse de D. José I as missões se concentraram em territórios ocupados por inimigos de seu partido: Ensuco, Pango, Sumpi, Mpinda, Hiva, Quinzungue, Metombe

---

54 Frei Rafael Castello de Vide. Viagem e missão no Congo, p. 120-122.
55 Frei Rafael Castello de Vide. Viagem e missão no Congo, p. 125.
56 Esse viés argumentativo dos missionários é importante para realizarmos a crítica das fontes e buscarmos a intencionalidades ocultas. Interessa-nos nesta dissertação, sobretudo, os usos do catolicismo pelos congoleses e seus interesses, que debateremos nos capítulos posteriores.

e Quibango.⁵⁷ No relato Rafael há um embate e negociação constante com os quinlaza, que tentavam impedir acesso dos missionários às terras inimigas. Fica evidente que a presença exclusiva dos religiosos em territórios aliados era interessante ao rei como ferramenta para impor-se sobre os inimigos, além de ser essencial para a ritualística cotidiana. Um fato interessante ocorreu quando um poderoso chefe da província de Ensuco, do partido oposto ao Mani Congo, escreveu a Frei Rafael, requisitando a celebração do enterro de sua mãe em S. Salvador. Nesse caso, a orientação do padre foi de pedir ao Infante que viesse à capital e se submetesse ao Mani Congo primeiro, trazendo presentes ao soberano:

> (…) porque fiquei satisfazendo a ele [chefe de Ensuco], e ao Rei, porque, ainda que este nos não proíbe irmos a todas as partes fazer missão, sempre deseja primeiro que os Infantes lhe venham obedecer, e então o Padre lá ir para ficar mais seguro no Reino e haver paz, ao que nós, quanto podemos, anuímos, segundo a recomendação que temos do Senhor Bispo, e havendo nisto alguma dúvida, nós a não temos, de acudir a todos.⁵⁸

Neste caso, o missionário e a ritualística católica que manipulava foram ferramentas para que D. José I recebesse "obediência" de um rival, legitimando sua posição de soberano. O missionário destaca no relato sua agência nesta "conciliação",

---

57 Frei Rafael Castello de Vide. Viagem e missão no Congo, p. 141.
58 Frei Rafael Castello de Vide. Viagem e missão no Congo, p. 215.

mas (como veremos no capítulo posterior) o missionário presente em S. Salvador acaba por cumprir (sem perceber ou admitir) a função de emissário do poder político do Mani Congo, resultando também em ganhos financeiros ao rei.

Outro exemplo semelhante ocorreu quando um grupo rival de Mbamba saqueou a caravana vinda da colônia de Angola com os suprimentos e os *nlekes* (escravos da igreja). O rei, muito contrariado, planejou enviar um exército para puni-los. Os religiosos novamente intervieram: *"Eu lhe roguei para que não o fizesse mal, e que nós vinhamos pela salvação deste Reino, e não para a destruição(...)"*. Pe. André se apressou para resgatar os escravos de forma pacífica. Mas neste caso a diplomacia dos religiosos falhou e o rei designou aliados de Mucondo (avizinhada de Mbamba pelo rio Ambriz) para castigarem o usurpador, recuperando os escravos, alguns mantimentos e destruindo as plantações dos rivais.[59]

D. José morreu no ano de 1784 e o seu sucessor foi seu irmão, o já citado D. Afonso de Leão, marquês de Mpemba, alto membro da elite, muitíssimo próximo aos padres. A posse do novo rei, que era mestre da igreja e tinha perfeito domínio do português, animou aos missionários e o bispo de Luanda, pois para eles abria-se uma nova esperança para a reaproximação entre Portugal e Congo via cristianismo. Mal sabiam que as questões que envolviam política, religião e comércio no Congo eram mais intrincadas do que previam.

---

59 Frei Rafael Castello de Vide. Viagem e missão no Congo, p. 141.

D. Afonso V Necanga a Canga e a ofensiva diplomática portuguesa

O reinado de Afonso V, apesar de muito curto, foi fartamente documentado e repleto de fatos decisivos para compreendermos a atuação portuguesa e a relação entre interesses comerciais e a missão católica. Como já dito, Afonso V, mesmo antes de se tornar rei já havia chamado atenção de Fr. Rafael pelo engajamento com a igreja católica, da qual Afonso era mestre catequista e pela "urbanidade de português" e o conhecimento da língua portuguesa.

O bispo de Angola e Congo soube através da terceira parte da relação de frei Rafael, enviada em Fevereiro de 1784, que D. Afonso Necanga a Canga havia sido coroado. Assim que recebeu a notícia, Frei Alexandre da Sagrada Família, remeteu correspondência ao rei do Congo, comemorando a possibilidade de se comunicar diretamente em português com o letrado rei. Nesta, além de tratar de temas da religião, o prelado age como porta voz do projeto comercial português reclamando da pouca participação portuguesa na compra de escravos dos congoleses:

> (...) os vassalos de V. Majestade felizes pela amigável aliança, que subsiste entre os dois impérios; a qual aliança pouco interessa a mesma Senhora [Rainha de Portugal] pelo pouco comércio que os Vassalos de V. Majestade hoje fazem com os Portugueses.[60]

---

60 Arquivo Histórico Ultramarino, AHU, papéis de angola, cx 70 doc 28. Possuo cópia digitalizada. Além das transcrições disponibilizadas por Arlindo Correa em: www.

D. Afonso V enviou também correspondência à diocese, provavelmente antes de receber a carta citada anteriormente, na qual pede por mais missionários. Afonso V, mesmo antes de se tornar rei, tinha sua legitimidade de chefe (na época Marques de Mpemba) atrelada ao catolicismo.[61] Ao contrário do Bispo de Angola, o rei apresentou interesse em reaproximação somente religiosa, sem citar interesse em parcerias comerciais com Luanda, que como vimos não era comercialmente favorável e constituíam rico à sua soberania.

Esta requisição do Mani Congo resultou no envio de dois novos padres pelo bispo; frei Rafael foi à Luanda em de Julho de 1785 buscá-los, acompanhado por um embaixador do rei do Congo, que portava carta enviada por Afonso V ao bispo e outra ao governador-general.[62] Ambas, ao contrário daquela anteriormente citada, tratam de comércio de cativos, e convidando a retomada dos negócios com portugueses:

> Conheço e agradeço nisto muito quanto a minha Irmã Soberana Rainha de Portugal faz pelo bem do meu Reino, e Reis antigos tiveram boa amizade, quanto ao negócio, venham todos sem medo, eu quero que os Portugueses

---

arlindocorrea.com.

61 A carta do rei foi escrita apenas nove dias após a data de assinatura da carta episcopal e as correspondências, em geral, demoravam mais do que isso para chegarem de S. Salvador à Luanda.

62 Ultramarino, AHU, papéis de angola, cx 70, doc 8. Frei Rafael Castello de Vide. Viagem e missão no Congo, p. 237-238, aqui o Frei descreve o envio das cartas e da embaixada do Congo para Luanda e depois uma de Luanda ao Congo. Correa, Arlindo. O missionário e o Negócio. 2007, p. 17. http://www.arlindo-correia.com/041207.html

venham sempre aqui negociar com a minha gente e já vêm muitos."[63]

E ao Governador Geral: "(...) *esta minha Real Carta é feita por minha mão em sinal de amor e boa amizade e quero que todos os portugueses venham aqui negociar como dantes, sem medo, porque eu os hei-de defender e não poderão padecer algum mal.*"[64]

Ao compararmos a primeira correspondência escrita por Afonso V em Janeiro de 1785 e o conjunto das duas outras escritas três meses depois nota-se que repentinamente a questão da participação português no tráfico de escravizados vem à tona. Um dos possíveis desta mudança seria a notícia, recebida entre elas, de que diocese direcionara dois novos missionários para seu reino, o que dobraria de dois para quatro o número de padres europeus em sua corte. A oferta de religiosos parecem ser moeda de troca que, ao menos no discurso do Mani Congo, possibilitaria a (re)abertura comercial.

Fica evidente no quarto relatório de frei Castelo de Vide, sua atuação como agente diplomático das autoridades lusas para barrar o comércio com os concorrentes europeus da Coroa portuguesa. Nesse relato, quer reforçar junto aos seus principais interlocutores: bispo e Capitão Geral de Angola, seu esforço em convencer as elites do Congo em não mais comerciarem com holandeses e ingleses; denominados de "hereges" por serem protestantes. Mas esse esforço foi quase sempre inútil:

---

63 Arquivo Histórico Ultramarino, AHU, papéis de angola, cx 70, doc 28.
64 Frei Rafael Castello de Vide. Viagem e missão no Congo, p. 89, 90.

(...) e nós mesmos vimos frustrados os nossos intentos, que eram ver se podíamos atalhar aquela venda dos Cristãos para os hereges, porque, visto eles se venderem uns aos outros, fossem ao menos os escravos para terras de Católicos, já que não podíamos de todo atalhar, e em secundário seria algum bem ao Estado, e se poderiam continuar estas Missões, e serem os Padres mais bem assistidos pela maior comunicação entre as duas potências, e franqueza dos caminhos, mas tudo tem sucedido pelo contrário, e a iníqua venda para os hereges persiste, e o negócio dos brancos acabou.[65]

É importante notar como o argumento religioso aparece como justificativa da promoção dos traficantes portugueses como legítimos parceiros. Nessa curiosa argumentação do Padre, os congoleses estão muito mais próximos dos portugueses, por serem católicos, do que seus vizinhos protestantes da Europa. O catolicismo aparece aqui como elo que liga Portugal e o reino do Congo como reinos irmãos, e os diferencia dos hereges europeus e dos gentios africanos não católicos.

Como discutimos anteriormente, Rafael usa o argumento do cristianismo para afirmar existir uma proximidade entre os membros da elite do Congo e mercadores portugueses, e assim justificar essa parceria mais adequada no campo da fé. Ele vai ainda além, argumentando que os próprios escravos congoleses, por serem católicos, não deveriam ser vendidos para hereges e sim para mãos de traficantes cristãos, uma vez

---

65   Frei Rafael Castello de Vide. Viagem e missão no Congo, p. 254.

que os próprios escravizados temiam por sua alma quando entregues às mãos heréticas:

> Deus parece que permite pelos pecados do povo este mal que até aos mesmo Mexicongos é gravoso: estão vendo ir os seus filhos para os hereges; os mesmos que vão vendidos para eles choram, gritam, temem, queriam antes ir para os Católicos, e o mal não se remedeia, cada vez cresce mais; os Padres clamam, não são ouvidos, nunca lhe dissemos que os vendessem aos nossos ainda quando aqui estavam, para eles não cuidarem, que era amor da Nação, e não das suas almas, mas hoje se desenganam; que não há negócio dos Portugueses, e nós não cessamos de clamar, (....).[66]

Estas evidência e fatos, integradas ao contexto comercial exposto anteriormente, não deixa dúvidas do elo entre missão católica no Congo nas décadas finais do século XVIII e o projeto comercial português de retomar o monopólio, ou ao menos de parte significativa do tráfico de escravos na costa congolesa. Parece evidente também que a atuação missionária é determinante (ao menos pretende-se), e se faz através de um ideário que define o Congo como uma unidade no seio da cristandade, próxima portanto aos portugueses, que por conseguinte se diferenciam de hereges ou gentios, independente se sua origem europeia ou africana.

Isso justificaria o grande empenho financeiro da Coroa nas missões, era (para além do projeto de catequese) um

---

66 Frei Rafael Castello de Vide. Viagem e missão no Congo, p. 158-159.

investimento do qual se esperava retorno em forma de parcerias no tráfico de escravizados. Essa pressão das autoridades de Luanda colocava os missionários em situação bastante delicada, diante do fogo-cruzado entre interesses lusos e congueses, como nos relata frei Rafael:

> A primeira e segunda relação que se tem feito em comum, de nós todos, os Missionários do Congo, já as tem enviado para a nossa Soberana, o Senhor Bispo de Angola, por ele no-las mandar fazer de tudo. Agora espero as suas ordens para escrever esta terceira, de que eu me mandei escusar, de que não sei o que aquele Senhor ordenará. Eu, só como filho, quisera contar à Santa Província, minha mãe que como tal desculpará os meus defeitos, o que passo, e faço fora dela.[67]

O fracasso do projeto comercial português

Citamos a convocação do bispo para que Frei Rafael fosse à Luanda buscar os dois novos missionários designados ao Congo, acompanhado da embaixada congolesa que portava cartas do rei Afonso V. Frei Rafael não voltou ao Congo apenas com os dois novos padres (Frei José dos Sacramentos e Frei José de Torres, missionários agostinianos portugueses), mas também uma comitiva que incluía um tenente de infantaria, como embaixador nos negócios portugueses, responsável por negociar uma reabertura do trato com o Mani Congo. Depois

---

67 Frei Rafael Castello de Vide. Viagem e missão no Congo, p. 158.

de uma árdua e longa jornada, chegaram à capital do Congo em setembro de 1785 e como de costume foram recebidos por muitas festividades pela elite real, o que deu aos "brancos"[68] verdadeiras esperanças no sucesso da empreitada.[69] Ocorreram diversos encontros do embaixador lusitano com D. Afonso V para tentar estabelecer acordos sobre o crescimento da participação portuguesa no tráfico de escravos. Mas os representantes portugueses exigiam também o fim dos negócios com holandeses, franceses e ingleses, e a retomada do antigo monopólio dos primeiros anos de tráfico. Afonso V evidentemente não cedeu às pressões e ofereceu aos portugueses uma pequena fatia do comércio, sem a promessa de reduzir o comércio já estabelecido com outras nações. O impasse parecia sem solução e Afonso manteve-se irredutível em sua posição, o que obrigou o embaixador a se retirar de S. Salvador sem sucesso.

Alguns comerciantes luso-angolanos continuaram na capital, apostando em parcerias pontuais com traficantes autônomos (provavelmente mobire). Alguns grupos locais começavam a enfadar-se com a tentativa de boicote do comércio com outras nações europeias e o nível de tensão era crescente.

A morte de D. Afonso V em 1787 desestabilizou ainda mais a relação entre congoleses e os agentes do império português em Luanda. Aliados do rei culparam os estrangeiros

---

68 Não é fácil determinar com clareza como se dava esta categorização de "brancos" no texto de Rafael. Ele parece se referir aos portugueses, mestiços aportuguesados e possivelmente brasílicos, sempre católicos. Os europeus não católicos nunca aparecem como "brancos" e sim "hereges". Se refere também "ambundos" nestas caravanas lusas.

69 Frei Rafael Castello de Vide. Viagem e missão no Congo, p. 239-244.

pelo repentino falecimento do Mani Congo, como descreveu Frei Rafael: *"Por que essa gente sempre atribui as mortes, principalmente dos grandes, aos feiticeiros, que os matam e em cada morte destes há muitos distúrbios, e mortes de outros..."*.[70] Por isso, a presença de portugueses e ambundos no Congo ficou insustentável, que apenas não foram hostilizados graças a intervenção do padre que os escoltou de volta à Luanda. Isso demonstra que os padres ocupavam um lugar próprio no sistema social congolês, eles não eram considerados "brancos", tampouco estrangeiros pelas elites, mesmo em tempos de instabilidade. O bispo Alexandre da Sagrada Família tentou intervir e advogar contra o tráfico para "hereges", escrevendo cartas diretamente aos chefes locais que controlavam a captura e venda de escravos na costa e ao próprio Mani Congo.[71]

Nessa situação política muito turbulenta foi coroado como sucessor de D. Afonso V, D. Antônio II,[72] um rei muito velho, que segundo Frei Rafael não exercia poder de fato, pois todas as suas decisões eram tomadas pelo conselho real,[73] por importantes membros da elite política central do Congo: de Mani Vunda, Mani Ololo e Manio Oembo. Os padres, que mesmo gozando de boa relação com o rei, já encontravam-se restritos, tornaram-se ainda mais impotentes diante do modelo mais descentralizado que assumiu o poder. Segundo

---

70 Frei Rafael Castello de Vide. Viagem e missão no Congo, p. 260.
71 Frei Rafael Castello de Vide. Viagem e missão no Congo, p. 252-258.
72 Frei Rafael não nos informa o nome do rei, sabemos através de correspondências entre este e o governador de Angola: AHNA A-17-5 Oficios para Angola, fol. 67v. Barão de Mossamades para Antônio II, Agosto de 1787.
73 Infelizmente não temos notícia do nome em quicongo do que é chamado de "conselho real" pelas fontes.

frei Rafael, a morte de D. Afonso V fez intensificar as rotas de escravizados que passavam por S. Salvador, rumo aos portos de Soyo e Cabinda, comandadas por mobire.[74] De acordo com Frei Rafael, havia na capital, logo após a morte de Afonso V, mais de quarenta mobires em atividade, vendendo "muitos milhares" de escravos todo ano.[75] Na perspectiva missionária, a ação vili era ainda mais nefasta, vistos como "gentios", devido à pouca ou nenhuma relação com o catolicismo, que vendiam escravos (muitos deles congueses tidos como "cristãos") para hereges ingleses e holandeses.[76]

Frente a esta situação, a Igreja, representada principalmente pelo pontífice Alexandre da Sagrada Família, à frente do bispado de Congo e Angola passou a assumir medidas desesperadas, se utilizando dos padres, na tentativa de neutralizar este comércio moralmente condenável e prejudicial à sua fazenda real:

> (...)não deixando de fazer conhecer ao povo os mistérios da nossa Redenção, da Lei de Deus, e da Santa Igreja, apertando-o muito pelo ponto mencionado de lançar fora o iníquo negócio de se venderem os escravos cristãos para o gentio, para este os vender nas praias aos hereges, até fazer um Edital por ordem do Senhor Bispo, pregado nas portas da Igreja, com declaração de excomungados todos os que concorriam

---

74 Frei Rafael Castello de Vide. Viagem e missão no Congo, p. 291-292.
75 Frei Rafael Castello de Vide. Viagem e missão no Congo, p. 186-188.
76 "Gentio" é a constante denominação de Vide para africanos não católicos, usada geralmente para estrangeiros ao reino do Congo, que se diferem dos "hereges", europeus não católicos.

para esta iníqua venda; e apertando mais aos que tinham o negócio em seus quilombos.⁷⁷

Mas o medo da excomunhão não parecia afligir suficientemente os comerciantes, tampouco aos congoleses que corroboravam e lucravam com o comércio. Por isso, vendo-se esvaziado de alternativa, Frei Rafael, segundo aquilo que nos relata, ameaçou abandonar a corte e seu posto de vigário geral do Congo para voltar à Luanda e ameaçou fazê-lo antes da coroação do novo rei, evento que dependia de sua presença. Os membros do conselho real se reuniram para debater a questão e decidiram pela permanência do missionário, que segundo suas palavras: "rogaram muito" para que ficasse, pois o reino não podia ficar sem seu vigário geral, principalmente por não terem ainda oficializado a coroação de D. Antônio I, que tradicionalmente (desde Afonso I) era feita por um padre.

Neste sentido, frei Rafael tentou impor condições aos membros do conselho através de três exigências. Primeiramente, que os chefes desistissem da prática monogâmica ("mancebias"), cada um deles deveria permanecer apenas com a esposa com quem eram casados na igreja. A segunda era que pressionassem todo povo para que se confessasse anualmente e fosse à missa aos domingos. A terceira e mais importante aos portugueses (talvez a única realmente relevante) era que cessassem os negócios com "hereges" e expulsassem os negociantes "gentios" da capital. Frei Rafael nos diz que o conselho afirmou aceitar as condições impostas segundo o que nos diz

---

77 Frei Rafael Castello de Vide. Viagem e missão no Congo, p. 285-286.

o padre, afirmou que concordava em cumprir as condições e o franciscano acabou por coroar o novo rei.⁷⁸

Apesar de frei Rafael destacar seu poder em pressionar e impor condições aos membros do conselho e o rei, é questionável que ele gozasse da autonomia que desejou transparecer. Veremos no próximo capítulo que a relação de dependência entre missionários e reis do Congo no século XVIII é de natureza mais complexa e particular, e menos horizontal do que se supõe em uma leitura mais panorâmica das fontes.

Assim como o esperado, a elite reinante do Congo não tomou medidas para atender as reivindicações dos padres e os mobires continuaram sua costumeira ação nas proximidades de S. Salvador. Furioso, frei Rafael decidiu ele próprio, através das armas rituais que dispunha, tomar medidas contra a agência vili. Munido de sua cruz saiu no dia 22 de julho rumo à região aonde os vendedores de escravos mantinham seus quilombos para excomungar mobire e congueses associados, como havia previsto o edital do bispo.

O significado europeu da excomunhão: exclusão da comunidade cristã, por conseguinte a privação da salvação, talvez não tivesse sentido relevante aos congueses, muito menos à mentalidade vili. Mas para além da salvação ou condenação das almas, a excomunhão possuía significado aos olhos centro-africanos dentro da lógica da feitiçaria. Tendo sido chamado de *loka*, mesma raiz semântica (*lok*) das palavras kindoki e ndoki; que diz respeito a indivíduos que manipulam forças espirituais para causar malefícios individuais ou benefício

---

78 Frei Rafael Castello de Vide. Viagem e missão no Congo, p. 188, 189.

próprio e de seus clientes, gerando desequilíbrio coletivo.[79] Os padres, em geral, eram tidos como *nganga*, que diferentemente dos *kindoki* agem magicamente em benefício de um indivíduo e na manutenção do equilíbrio; mas no momento de radicalizações, em rituais como a excomunhão, os padres parecem agir como perigosos *kindoki*.

Os citados "quilombos", como aparecem na documentação, eram localizados no entorno da capital onde os vilis (ou mesmo congoleses) mantinham escravizados capturados em guerras ou vindos de caravanas e feiras no interior. Dali os vilis os levariam para os portos ao norte (e em menor quantidade ao porto de Mpinda em Soyo). O primeiro alvo da excomunhão de frei Rafael foi o proprietário de um dos principais quilombos, este localizado numa região central de S. Salvador, temido comerciante da região:

> Pelo que me determinei deixar o Rei, e ir ao Quilombo de um pequeno Infante, chamado por apelido Bua Lau, que na nossa língua é cachorro doido, o mais pertinaz e caixa universal dos Mobires e como Infante menos obediente ao Rei, e aos Padres, já avisado e sabendo que com ele falava o Edital da Igreja, e era o principal objecto, a que se encaminhava o meu zelo (...).[80]

Bua Lau parecia ser um congolês, pois é chamado de "infante" (título exclusivo à muana Congo), além de "o mais

---

79 Thornton, John. *The Kongolese Saint Anthony. Dona Beatriz Kimpa Vita and the Antonian movement*, p. 72-73.
80 Frei Rafael Castello de Vide. *Viagem e missão no Congo*, p. 292.

pertinaz caixa universal dos mobire" e não ele próprio um mobire, mas um financiador da atividade deles. Voltemos ao interessante episódio da excomunhão:

> Entrei eu primeiro no seu Quilombo com o meu Santo Cristo, e tanto que o homem nos viu, como o demónio, assim se enfureceu saltando de roda de mim, escorvando a sua espingarda, apontando não sei, gritando como louco, enchendo--nos de injúrias, ele com a sua gente, levantado contra os Mestres, que levavam o Padre para o matar, que nós éramos feiticeiros, que tínhamos matado os Reis, e olhando para mim com muita raiva, me chamou seu feiticeiro [provavelmente *ndoki*], que no Congo é uma grande injúria, pelo que se perdem famílias inteiras.[81]

Após a batalha ritual e verbal contra Bua Lau, o missionário seguiu por outros quilombos e junto aos mestres de igreja excomungou diversos comerciantes, recebendo algumas ameaças, acusações e injúrias, mas sem nenhuma atentado físico. Retornou a corte irredutível, convencido a pressionar o rei ao máximo para que o tomasse seu lado nestas tensas disputas.

Percebendo que a excomunhão dos comerciantes por si só pouco adiantaria, os padres interromperam suas atividades sacramentais; fecharam a igreja, cobriram todas as imagens de santos. A tensão era tamanha que chegou a negar ao moribundo filho do Mani Congo a extrema unção (que veremos adiante não ser um rito importante aos congueses). O Mani Congo, julgando a atitude do padre insolente, lhe enviou uma carta

---

81 Frei Rafael Castello de Vide. Viagem e missão no Congo, p. 290-292.

reclamando e acusando-o de não ser suficientemente qualificado na performance sacramental, citando uma ocasião na qual Frei Rafael havia atendido sua confissão de maneira errônea.[82] Segundo os relatos do missionário, a atitude de afronta do rei em relação à igreja fez com que nobres de outras províncias importantes fizessem críticas a S. Salvador enviando cartas de repúdio ao novo rei. Um exemplo significativo foi a província de Soyo, que mesmo independente do reino no período, ainda exercia influência política e econômica sobre a capital.[83] O marquês de Quibango, amigo e afilhado de Fr. Rafael, também repudiou a atitude real, convidando os religiosos a mudarem sua sede para lá, que tinha disponível o hospício capuchinho construído no século XVII.

A relação entre as autoridades conguesas, infantes como Bua Lau atuantes em Mbanza Congo, e o rei do Congo não é clara. Porém, frei Rafael nos diz sobre ganhos que o rei (ao menos no período de D. Antônio II) e os membros do conselho tem com a atuação vili:

> Pelo que, tendo notícia que os gentios negociantes dos escravos Cristãos, para os tornarem a vender aos hereges ainda estavam na Corte, e que o Rei, e mais conselheiros se descuidavam, veem ir os seus parentes, muitos inocentes etc., (...) e ficam muito sossegados, e aprovam o negócio pela ambição de receberem os

---

82 Frei Rafael Castello de Vide. Viagem e missão no Congo, p. 285.
83 Frei Rafael Castello de Vide. Viagem e missão no Congo, p. 295.

seus baculamentos [taxas] ou direitos, os que lhes pertencem.[84]

O impasse entre os missionários e as elites políticas persistiu até que o rei foi obrigado a nomear três importantes nobres do partido oposto ao seu com o título de Cavaleiro da Ordem de Cristo. A oferta deste título era uma das principais fontes de legitimidade e de renda do rei do Congo no século XVIII e sua estabilidade e reconhecimento frente a inimigos e aliados dependia do mesmo. Esse ritual exigia a participação do padre e do rei, que deveriam vestir simultaneamente o nobre com o hábito de Cristo, vestimenta que tinha bordada a imagem de uma cruz.[85]

Tendo sua legitimidade ameaçada pela recusa do padre em nomear os cavaleiros, o Mani Congo foi obrigado a retirar (ou apenas fingir retirar) o apoio aos mobire e novamente prometer que expulsaria os comerciantes de S. Salvador. O soberano fez com que o poderoso Bau Lau fosse se retratar publicamente aos padres durante a missa e pagar mucanos (indenização) à Igreja. Apesar de desconfiados que os comerciantes tivessem desaparecido apenas provisoriamente, Rafael e Pe. Godinho acabaram por nomear os Cavaleiros, como queria o rei.[86]

Frei Rafael interrompeu sua narrativa nesses fatos, pois precisou retornar à Luanda para tratar de uma grave doença em Junho de 1788 e depois disso voltou definitivamente para

---

84 Frei Rafael Castello de Vide. Viagem e missão no Congo, p. 288, 289.
85 A concessão deste título será tema central no capítulo seguinte. Broadhead, Susan. *Beyond Decline* (...), p. 7.
86 Frei Rafael Castello de Vide. Viagem e missão no Congo, p. 295-299.

Lisboa. Pe. André Godinho continuou em S. Salvador ainda por alguns anos.

Há para esse contexto, um conjunto de correspondências escritas pelo então recém-empossado Governador Geral de Angola José de Almeida e Vasconcellos, Barão de Mossâmedes em 1787. Essas cartas foram enviadas a cada um dos três missionários que atuavam no Congo e uma delas para o D. Antônio II, na qual é perceptível o sinal do descontentamento com a sua posição de fechar os olhos para os interesses portugueses:

> Recebi a carta de vossa majestade de 29 do mês de Junho com a notícia de sua aclamação, após falecimento de Dom Afonso. Eu tomaria sua parte muito particular (palavra ilegível) nesse ingresso se os reis do Congo correspondessem como deviam a boa amizade e proteção de sua Mag. Fidelíssima Rainha de Portugal, minha senhora havendo-se agrado a mandar-lhe S. esses que ensinassem no Congo o caminho da salvação, administrando os santos sais aos que quisessem abjurar os erros do gentilismo. Nem deste incomparável benefício, nem de franquear-se o negócio da capital de Angola, tem os antecessores de vossa majestade D. José e Don Afonso, dado a menor prova de gratidão(…) nem ao menos tem manifestado posição sobre a embaixada, o seu agradecimento ao general e vice rey da rainha de Portugal.[87]

---

87 AHNA A-17-5 Ofícios para Angola, fol. 67v. Barão de Mossamades para Antônio II, Agosto de 1787. Possuo uma cópia digitalizada desta e das três cartas da mesma data para cada um dos missionários trabalhando no Congo na época.

O mesmo rancor aparece nas cartas enviadas aos três missionários: Rafael, José de Torres e André Godinho, demonstrando que as autoridades de Luanda já não esperavam por soluções diplomáticas para barrar o comércio de escravos com holandeses, franceses e ingleses. O que explica a rispidez (raramente vista em cartas "diplomáticas") do governador de Angola com o D. Antônio II e o fato de falar em enviar seus exércitos ao Congo. Diante do que escreve aos missionários, fica claro que para Mossâmedes, esse projeto já estava perdido, associando a falência do projeto comercial com a falência da missão católica. Para Frei Rafael escreve:

> Mas a mão de Deus não lhe abreviada naquela que pode tudo, mas eu já do Congo não espero nada, suposta a inércia e impotência de seus reys, cuja eleição se (palavra ilegível) pelos seus vassalos se assim se prometem o amar os que elegeram rei um pateta, que senão ganho aos seus súditos e os deixe viver na mesma enganação(...)".[88]

Escrevendo para Pe. André, Mossamedes mostra-se ainda mais pessimista e crítico em relação à atitude das elites do Congo:

> Estando aflicto por não saber de SM e dos seus bons companheiros [os missionários] (...) sabendo a constância com que todos três trabalham no bem do Congo, da rebeldia em que permanece esses gentios infatuados com

---

88 AHNA A-17-5 Oficios para Angola, fol. 67v. Barão de Mossamades para Fr. Rafael Castelo de Vide, Agosto de 1787.

os nomes pomposos de títulos de Infantes de titulo de Fidalgos sem saber em que consiste essa gradação nem procurarem imitar as nações civilizadas e muito menos fazem-se cristãos.[89]

Observando a falência do projeto português e os fatos anteriormente relatados podemos levantar algumas questões sobre a relação entre Congo e Portugal e a posição das missões nestaa relação durante a segunda metade do século XVIII. Diversos elementos católicos foram incorporados ao vocabulário do poder no Congo, tema que será abordado mais profundamente no capítulo seguinte. Tais elementos se constituíram como um dos pilares de legitimidade do Mani Congo e de outros membros das elites locais durante o período.

Por sua vez, para os portugueses, o fato das mais poderosas elites congolesas necessitarem de padres europeus para a ritualização cotidiana do poder parece ter sido visto como uma oportunidade para realizar alianças ancoradas no argumento religioso. Assim, excluiriam seus concorrentes de origem não católica (romana): principalmente ingleses (anglicanos) e holandeses (protestantes) e se tornariam eles próprios os parceiros naturais, retomando a antiga parceria nos negócios e na fé que reis de outrora.

Os congueses, diante dessa pressão missionária, se viam em um impasse: não abririam mão dos negócios com holandeses, franceses e ingleses, pois estes ofereciam às elites bens de luxo e riqueza. Ao mesmo tempo que elementos católicos também constituíam-se fontes essenciais de prestígio e a proximidade

---

89 AHNA A-17-5 Oficios para Angola, fol. 67v. Barão de Mossamades para Pe. André do Coutto Godinho, Agosto de 1787.

dos missionários legitimava suas elevadas posições sociais ao vinculá-los ao passado glorioso dos grandes. A manutenção desses elementos de legitimidade (em algum grau) estava sujeita ao patrocínio do bispado e do governo geral de Angola. Os missionários também se encontravam em meio ao fogo-cruzado. De um lado, eram pressionados pela Coroa portuguesa a aderirem à sua causa comercial, vinculando-a ao catolicismo. Porém estes missionários, antes da estrutura materna, estavam submetidos às elites conguesas, e seu modus operandi.

Fica evidente que o insucesso da negociação com o Mani Congo e as elites congolesas ocorreu pelo fato dos missionários e membros da Igreja europeia terem falhado ao enxergar a relação dos congoleses com elementos de origem católica como algo próprio, que foi construído historicamente pela tradição conguesa. Não perceberam que atuavam em um "jogo" com regras pré-determinadas e diferentes das suas. Por isso, sua derrota foi inevitável.

Capítulo 3: Catolicismo e Poder Central

Unificação e organização política pós-unificação.

A historiografia leu o termo "Império" nas fontes missionárias da segunda metade do século XVIII. O principal e mais conhecido deles foi o relatório publicado do missionário Cherubino de Savona Rafael e Dicomano.[1] Vejamos como Savona define a organização imperial: "O *Reino do Congo, por melhor dizer Império, por que tem vários diferentes reinos e muitíssimas províncias, principados, ducados, está na etiópia meridional e é quase todo católico.*"[2]

O relatório de Frei Rafael de Vide, duas décadas depois, apresenta uma definição semelhante:

> Há este Reino muito antigo, dilatado, e hum grande Imperio, ainda que hoje se ache dividido entre muitos grandes levantados, que se separarao do Rey, mas sempre se reconhecem seus

---

1 A publicação de Toso foi utilizada por todos os autores como fonte principal, devido ao fácil acesso. Vansina citou exclusivamente como fonte da segunda metade do século XVIII. Broadhead desconhecia o relato de frei Rafael quando escreveu sua tese, apenas Thornton teve acesso a toda a documentação que analisamos aqui, sem ter se aprofundado sobre o período.

2 Toso, Carlo. Relazioni inedite di P. Cherubino Cassinis da Savona, p. 207.

vassallos, e sugeitos; em a maior parte delle se abraça a fe Catholica.³

Ambas as descrições tratam do território como uma unidade política percebendo, ao mesmo tempo, ambiguidades no caráter do controle efetivo do soberano conguês sobre o território. Savona descreveu atentamente a organização política conguesa, sobretudo as divisões locais. Para ele, o Congo era formado por quatro diferentes reinos, vinte e duas províncias (categorizadas como "principados" e "ducados"). Estas províncias não estavam necessariamente contidas dentro um dos reinos, pois existiam aquelas independentes que apesar de consideradas como integrantes do Congo, encontravam-se politicamente desvinculadas de S. Salvador, não participando ativamente das eleições do Mani Congo e das disputas políticas pelo poder central.

A principal dessas províncias era Soyo, localidade de grande importância e coesão política interna. O Mani Soyo não necessitava do rei para tomada de decisões internas (como ir à guerra e eleger novos chefes) e tampouco pagava tributos ao soberano no século XVIII. Mesmo sendo formalmente independentes, as elites de Soyo continuavam influentes na corte conguesa e reconheciam uma identidade comum.⁴

---

3   Frei Rafael Castello de Vide. Viagem e missão no Congo, p. 267. Broadhead em *Trade and politics*, e Vansina não consultaram o relatório de Frei Rafael. Broadhead citará esse missionário em artigo posterior, sem aprofundar-se muito no relato: *Beyond Decline*. 1979.

4   Vale lembrar a intervenção dos chefes de Soyo no impasse entre Frei Rafael de Vide e o mani Congo Antônio II, no embate sobre o tráfico em S. Salvador comandado pelos Mobire. Frei Rafael Castello de Vide. Viagem e missão no Congo, p. 295.

O caso de Soyo, assim como outros apresentados por Savona, demonstra a dificuldade enfrentada pelos missionários em compreender a divisão política conguesa por padrões da Europa moderna. Evidencia-se a insuficiência dos termos "província", "reino" e "império" como transmissores da especificidade dessa organização política. Podemos inferir, pelos relatos de Savona, que aquilo que chama de "reinos" eram territórios que disputavam pelo poder em S. Salvador e seus soberanos faziam parte da linhagem de antigos reis do Congo. O termo "província", por sua vez, aparece de forma mais genérica, para locais com diferentes graus de dependência de Mbanza Congo. Através das fontes, fica difícil estabelecer exatamente a relação entre os "reinos" e "províncias" ou mesmo compreender quais províncias integravam quais reinos.

Os quatro reinos que compunham o "Império" do Congo no século XVIII eram: S. Salvador, Mucondo, Lemba Grande e Oando. Notamos grande significatica diversidades entre reinos e províncias no que tange à extensão territorial, número populacional e também na relação com o catolicismo. O vocabulário do catolicismo era muito presentes no cotidiano e importante para legitimação política das elites em algumas localidades, ao mesmo tempo que quase inexistentes em outras. Aprofundaremos a discussão sobre as especificidades de cada reino e das principais províncias no capítulo seguinte, no qual discorreremos sobre os diferentes tipos de relação dos poderes locais com o catolicismo.

O mais relevante neste ponto de nossa análise centrada no poder do Mani Congo, em S. Salvador, é observar as províncias dentro do quadro geral, como "parcialidades" que rivalizaram o poder central no período pós-restauração.

Quimpanzo e Quinlaza e o debate sobre as *makanda*

A primeira afirmação política fundamental no relatório de Frei Cherubino da Savona foi: "*Seu rei é eletivo das duas famílias reais, que se chamam Quinpanzo uma, e Quinlaza a outra, e alternadamente governam de maneira que morrendo o Rei de uma, se elege de outra. Assim, vivem em paz.*[5]

Os amplos grupos que disputavam o poder foram chamados por Savona de "famiglia", definidos como "parcialidades" ou "partidos" por Frei Raimundo e Frei Rafael.[6] Os termos "partido" e "parcialidade" aparecem como sinônimos, em sua acepção política no dicionário português de Raphael Bluteau, de 1729: genericamente como grupos que polarizam uma disputa.[7] Grande parte da historiografia utiliza "*kanda*" (plural: *makanda*), genericamente chamadas de linhagem ou clã.[8]

---

5   Tradução livre: "*Il suo Ré è elletivo da due Famiglie Reali, che si chiamano Quinpanzo una, de Quimulaza l´altra, e alternativamente governo, di manera che morendo il Ré di uma, si elege dell´altra, e così vivono in pace*". Toso, Carlo. Relazioni inedite di P. Cherubino Cassinis da Savona, p. 207.

6   Toso, Carlo. Relazioni inedite di P. Cherubino Cassinis da Savona, p. 207. O termo "parcialidade" aparece inúmeras vezes no relatório de Frei Rafael. Exemplo: Frei Rafael Castello de Vide. Viagem e missão no Congo, p. 82.

7   Vocábulo "partido". Raphael Bluteau. *Vocabulario Portuguez & Latino*. 1729. Online em: http://www.brasiliana.usp.br/

8   "Linha (temo genealógico): *A ordem em que os mesmos parentes em diferentes graos descendem do mesmo progênitos ou do mesmo tronco da arvore genealógica*". Raphael Bluteau. *Vocabulario Portuguez & Latino*. 1729. Online em: http://www.brasiliana.usp.br/

A etnologia, desde o início do século XX, chama atenção para a centralidade dessas estruturas para a organização das sociedades não europeias, conforme as necessidades de um olhar sociológico que pretendeu compreendê-las por uma lógica sistêmica, própria e sincrônica.

Entretanto, um olhar histórico (diacrônico) para as makanda evidencia seu caráter fluido e constante reinvenção de suas características, de acordo com o contexto. Para uma compreensão mais aprofundada dessas estruturas que rivalizaram o poder do reino do Congo no período desta pesquisa, é essencial que abordemos panoramicamente o debate sobre estas coletividades políticas, organizadas por parentesco, na historiografia.

O pioneiro nos estudos do reino do Congo, Jean Cuvelier, é uma figura essencial na discussão sobre o papel das *makanda* na organização social e política no Congo. Cuvelier viveu entre 1907 e 1962 numa região habitada por falantes de quicongo, no período sob dominação colonial belga. Para Thornton, este autor foi o "mais influente historiador a escrever sobre as origens do Congo (...) e um mestre dos registros documentais do século XVI ao XVIII."[9] Além do extenso trabalho com fontes escritas, Cuvelier sintetizou diversas tradições orais, assistido por pesquisadores de origem e falantes do idioma do antigo reino, publicou-as em quicongo e através dessas fontes elaborou sua interpretação sobre as origens do reino do Congo.[10]

Não cabe aqui esmiuçarmos o interessante debate sobre as origens do Congo, o que nos concerne é a natureza das fontes

---

9   Tradução livre: "*Has been the most influential historian to write of Kongo origins;(....) He was a master of the sixteenth- through eighteenth-century documentary record(....).*" Thornton, John K. The origins and early History of the Kingdom of Kongo, p 90.

10 Thornton, John K. The origins and early History of the Kingdom of Kongo, p. 91.

orais que Cuvelier utilizou, relacionadas à questão da *kanda* na segunda metade do século XVIII.

A coletânea de fontes orais realizadas por este autor, intituladas *mfumu za makanda*, relatam a história familiar de cada grupo, vinculando-os aos mitos de origem do reino do Congo. Desta forma, elas funcionavam na época de sua coleta como narrativas identitárias, reivindicando legitimidade do grupo narrado, ao vincular a história familiar às glórias dos primeiros reis do Congo. Por isso, os informantes de Cuvelier acabam por apresentar a organização da kanda como estruturas fixas ao longo do tempo, de caráter contínuo, que autenticaria a ancestralidade de cada grupo.[11]

Esta característica permanente advogada pelos relatos do século XX não condiz com a intensa fluidez destas *makanda* nos períodos de transformações políticas dos séculos XVII e XVIII. Mesmo assim, essa história clânica de Cuvelier influenciou de maneira marcante a historiografia sobre o Congo durante todo o século XX.

Na conceituação de kanda, o antropólogo MacGaffey segue a visão de Cuvelier, sedimentando na historiografia congolesa uma visão estrutural sobre as mesmas. A partir dessas influências passou-se a utilizar esse conceito de *kanda* para interpretação de tempos históricos remotos, uma vez que para MacGaffey eram estruturas essencialmente imutáveis: "*The kanda were exogamous corporate groups. They were perpetual and had defined names, tradition and membership*".[12] Esta mesma definição foi utilizada posteriormente

---

11 Thornton, John K. The origins and early History of the Kingdom of Kongo, p. 91.
12 MacGaffey, Wyatt. Changing representantions in central African History *Journal of African History*, n 46. Cambridge University Press. 2005, p. 190.

por Anne Hilton para o reino do Congo dos séculos XVI e XVII, seguida também, mas parcialmente apenas, por Susan Broadhead quando trata dos séculos XVIII e XIX.[13]

John Thornton foi o primeiro autor a questionar a aplicabilidade do mesmo conceito de *kanda* do período contemporâneo em interpretações históricas do antigo reino do Congo. Para o historiador, essas narrativas de clãs respondem a uma demanda histórica posterior ao século XIX, período de rearranjos no sistema de rotas comerciais no território congolês, transformação das relações de poder, portanto, constantes batalhas pela legitimidade do controle econômico. Estas disputas tinham como critério de vitória a precedência na direção das rotas de comércio, o que justificava a caracterização da *makanda* como estruturas imutáveis.[14]

Os termos *kanda*, clã ou linhagem estão completamente ausentes das fontes disponíveis da segunda metade do século XVIII. Os elementos que nossas fontes nos dão sobre "parcialidades" ou "famílias" são infelizmente insuficientes para um olhar mais aprofundado para essas estruturas. Ao mesmo tempo, evidencia a maleabilidade destes núcleos, adaptáveis de acordo com os diferentes contextos dos jogos de poder internos ao Congo.

A fluidez evidente no sistema na organização social e política durante os séculos XVII e XVIII nos impede de pressupor

---

13 Hilton, Anne. *Kingdom of Kongo*. 1985. Broadhead recebe mais tardiamente a influência das ideias de MacGaffey: em sua tese de doutorado, *Trade and Politics on the Congo Coast*. 1971, não debate com este autor. Porém em *Beyond Decline*. 1979 MacGaffey aparece como referência central para a autora.

14 Thornton, John K. The origins and early History of the Kingdom of Kongo, p. 90-116.

que as *makanda* destes períodos sejam as mesmas das observadas por Cuvelier e MacGaffey no século XX. As críticas de Thornton e o rigor metodológico ao historicizar criticamente as *makanda* parece-nos apropriado. Não descartaremos, porém, o conceito de *kanda* (Thornton também não o faz). Ele será aplicado aqui numa acepção mais genérica e essencialmente política de "partido". Sabemos, entretanto, que a ancestralidade e o parentesco estiveram no cerne desta organização política, por isso a evidenciada pela definição de Savona: "famiglia".

O sistema de alternância de poder entre as makanda quimpanzo e quinlaza foi instaurado na primeira década do século XVIII, no contexto da restauração e recomposição perpetrada por Pedro IV Nessamo a Mbandu, possiblitando a manutenção da estabilidade.[15] A partir do sucessor de Pedro, Manuel Makasa: Manuel II Mpanzu a Nimi de Quimpanzo, a rotação de poder passou a operar, chegando até o período das disputas de poder entre partidários de Pedro V (Nebica a Vita) e José I em 1779, que se saindo vencedor instaurou algumas décadas de sucessões exclusivas de reis de Quinlaza.[16]

Para compreendermos a polarização entre essas parcialidades no período setecentista faz-se necessário observarmos o contexto anterior de guerra civil e desorganização política do século XVII, no qual essas *makanda* nasceram. Este foi um período particularmente turbulento e a sucessão de fatos políticos torna o entendimento dificultoso, porém útil.

---

15 Toso, Carlo. Relazioni inedite di P. Cherubino Cassinis da Savona, p. 207. Lista de sucessão dos reis: Necessidades, Francisco. Factos memoraveis da História de Angola, *Boletim Official do Governo Geral da Provincia de* Angola no. 642. 16 de Janeiro de 1858, p. 1-3.

16 Necessidades, Francisco. Factos memoraveis da História de Angola, p. 3.

O período entre as décadas de 1630 até a restauração da capital congolesa em 1709 foi marcado por intensos conflitos entre as makanda e o surgimento e desaparecimento de varias delas num período curto de tempo.[17]

No contexto interno, um dos principais fatores que gerou instabilidades foi a determinante tensão entre S. Salvador e Soyo em meados do século XVII. Como tratamos anteriormente, a mbanza de Soyo era como uma "segunda corte",[18] possuía tradição de importantes soberanos, com forte e estável situação política.[19]

O início do processo que de autonomização das províncias, que disparou a crise política nas primeiras décadas do seiscentistas, *Álvaro III Nimi a Mpanzu*, originário de Mbamba, foi o quarto rei da kanda chamada Kuílo, hegemônica no período. Após a morte de Álvaro abriu-se uma disputa pela sucessão do poder, pois seu filho que daria continuidade ao grupo era muito jovem. Subiu ao poder, então, um membro associado desta linhagem, porém vindo de Nsundi: D. Pedro II Nkanga a Mvika, marcando a transição para reis dessa região. D. Pedro rompeu com o legado anterior e foi assim instituída uma nova kanda nomeada "Casa de Nsundi" ou Kinganga.[20]

O fato de Mani Congos fundarem novas makanda, não era raro. Soberanos que estabelecessem novos paradigmas

---

17 Heywood, Linda e Thornton J. K. *Central African Creoles and The Foundation of the Americas*, 135-143

18 Savona descreve-a assim. Toso, Carlo. *Relazioni inedite di P. Cherubino Cassinis da Savona*, p. 209.

19 Heywood, Linda e Thornton J. K. *Central African Creoles and The Foundation of the Americas*, 135-143

20 Heywood, Linda e Thornton J. *Central African Creoles and The Foundation of the Americas*, p. 138-143

políticos, ou argumentos de legitimidade, muitas vezes inauguraram uma *kanda* a vinculadas a si, substituindo os proeminentes ancestrais fundadores. Porém, não era fácil neste período que grupos recentes tivessem longevidade, sendo engolidas por grupos de maior tradição, como no caso da kikanga de Nsundi, que teve seu último rei Garcia I Mbemba a Ncanga, duas sucessões depois.[21] Após Garcia, D. Ambrósio I marcou a volta da casa dos Kuílo de Mbamba ao poder. Essa intensa rotatividade demonstra a impossibilidade do estabelecimento de um sistema de sucessão organizado. Os Kuílo tentaram permanecer no poder após a morte de Ambrósio elegendo Neginga a Nimi ainda adolescente. Mas Mpanzo a Nimi, seu irmão mais velho, tomou o poder apoiado por outros partidários, rompendo com sua *kanda* e fundando a novíssima quimpanzo, longevidade e sucesso.[22]

Após o aparecimento dos quimpanzo e ascensão de Alvaro V, a hegemonia política saiu e deixou o eixo: Mbamba - Nsundi, e ganharia a configuração que perduraria por mais de um século, entre: quimpanzo e quinlaza, que seriam as bases do regime setecentista pós-restauração.[23]

A origem dos quinlaza também foi contemporânea às guerras civis, capitaneada pela digníssima Ana Afonso de Leão,

---

21 Thornton e Andrea Mosterman, em artigo recente, apresentaram as relações diplomáticas entre o Congo e os holandeses como elemento essencial para compreendermos as tensões entre o Congo e Luanda no século XVII e a invasão holandesa em Luanda: Thornton, John K. e Mosterman, Andrea. A Re-interpretation of the Kongo-Portuguese, p. 235-248. Sobre as disputas políticas internas no Congo: Heywood, Linda e Thornton J. K. *Central African Creoles and The Foundation of the Americas*, p. 135-143.

22 Thornton, John e Heywood, Linda. *Central African Creoles* (...), p. 139.

23 *Toso, Carlo*. Relazioni inedite di P. Cherubino Cassinis da Savona, p. 207.

hábil mediadora no contexto das instabilidades da segunda metade do século XVII. Ana foi rainha em S. Salvador, casada com o rei Nessamu a Mbandu e irmã do último Mani Congo unânime, antes da grande crise: Garcia II Ncanga a Mbandu. Do título que D. Ana portava: Mani Nlaza, ante sua indelével posição, nasceu o nome quinlaza.[24]

Com a reunificação do reino, reconquista da capital e o apaziguamento dos conflitos em 1709 com D. Pedro IV, este regulamentou a sucessão como rotativa, estabelecendo que um rei quimpanzo sempre devia ser sucedido por um quinlaza e vice-versa.[25] Como observamos anteriormente, Savona afirmou que ainda em 1775 o sistema rotativo encontrava-se em atividade.

Frei Rafael, uma década depois, foi testemunha da disputa sucessória entre partidários de D. José I Nepaxi Giacana e D. Pedro V Nebica a Vita, ocasião em que não sabia com clareza se Pedro vivia ou não e os missionários tornavam-se alvo das disputas entre quimpanzo e quinlaza pela legitimidade do poder. Se entendermos a descrição de Frei Rafael à luz da contextualização da década anterior feita por Savona notamos que houve o rompimento do sistema alternado de sucessão.

Quando Frei Rafael e seu companheiro Pe. André do Couto Godinho chegaram ao Congo já eram aguardados no caminho pela embaixada enviada por D. José I de Quinlaza. A ignorância dos missionários em relação à situação política congolesa era total ao chegarem ao Congo: nada sabiam sobre guerras e

---

24 Thornton, John K. Elite women in the kingdom of Kongo, p. 455, 456. Rainha Ana é personagem central no livro de Thornton: *The Kongolese Saint Anthony. Dona Beatriz Kimpa Vita and the Antonian movement, 1984-1706*. Bridge press 1998, p. 97-12.
25 *Toso, Carlo.* Relazioni inedite di P. Cherubino Cassinis da Savona, p. 207.

disputas internas. Há tempos os portugueses estavam absolutamente ausentes de S. Salvador, restritos no máximo aos portos e caminhos de escravos. A presença dos missionários era uma rara oportunidade para os administradores e traficantes lusos terem acesso à capital congolesa, como mostramos no capítulo anterior.[26] Através dos relatos fica evidente que foi dos quinlaza a iniciativa de requisitar missionários para a diocese. Apenas quando chegaram às terras quinlaza, no reino de Mucondo, localizado no território mais amplo chamado de "terras da rainha" (que incluía também Mpemba), os missionários percebem que havia um impasse envolvendo o suposto rei e que havia uma divisão política.[27] Os padres aos poucos percebiam que sua presença no reino atendia aos interesses de uma "parcialidade" específica e sua preocupação em manterem-se isentos foi motivo de inquietação e conflitos durante sua temporada de três meses em Mucondo. Isso ficou evidente no episódio citado no capítulo anterior, no qual por meio de uma carta enviada pelos opositores aos padres soube-se que a eleição de D. José I não era consensual. Rafael não informa quem eram os opositores, apenas diz que são familiares do antigo, então falecido, rei Pedro V.[28]

Ao contrário do que parecia ao padre, Pedro V não foi o antecessor de D. José I. Recorrendo ao catálogo dos Reis do Congo e frente às informações políticas das fontes, pode-se

---

26 Frei Rafael Castello de Vide. Viagem e missão no Congo, p. 81, 82.
27 Frei Rafael Castello de Vide. Viagem e missão no Congo, p. 39-41
28 Frei Rafael Castello de Vide. Viagem e missão no Congo, p. 81, 82.

inferir que Pedro V tinha sido um rei quimpanzo[29] que governara antes de Alvaro XI Nepemba a Sunga de quinlaza: este sim antecessor de D. José I. Alvaro XI e os quinlaza assaltaram o poder de Pedro V e seus "parentes" de quimpanzo, que migram e se estabelecem em Mbamba Libota (ou Mbula) com o objetivo de formar uma nova corte e rivalizar com S. Salvador, como testemunhou Savona:

> (...)[Pedro V] depois de alguns meses por medo da guerra, em 1764 fugiu com sua pouca gente e a rainha e se refugiou em Bamba Lubota na fortaleza belíssima da pedra de Nzundu e inexpugnável por causa da natureza. Lá, onde se entra por uma estreita gruta quase uma milha, de quatro quilômetros ao redor, com paredes fortíssimas parecia ser feita (...) de maneira que de nenhuma parte se podia entrar se não por aquela estreita gruta. E no meio do terreno passa um riacho abundante de água e alguns poucos peixes para as pessoas que habitam, e não há local de semear frutas. E fizeram uma igreja e colocaram algumas coisas que tiraram da Corte do Congo. E então ele me mandou embaixadores para que eu fosse

---

29 Uma vez que os Quimpanzo invocavam o nome de Pedro V para se legitimarem no poder concluímos que este era certamente do mesmo partido, por isso sua eleição era legítima de acordo com os critérios de rotação estabelecidas em 1710. Se o sucessor de D. Pedro V e antecessor de D. José I fosse um Quimpanzo legítimo, os mesmos não teriam utilizado D. Pedro V como símbolo de sua legitimidade e sim Álvaro XI. Provavelmente o golpe no sistema sucessório tenha se dado justamente por Alvaro XI "*Il suo Ré è elletivo da due Famiglie Reali, che si chiamano Quinpanzo una, de Quimulaza l'altra, e alternativamente governo, di manera che morendo il Ré di uma, si elege dell'altra, e così vivono in pace (...) Adesso vi sono solamente due, il primo è deposto, che si chiama D. Pedro Quinto ed il secondo Regna, che hà il nome di Alvaro undecimo*". Toso, Carlo. Relazioni inedite di P. Cherubino Cassinis da Savona, p. 207.

levantar o hospício e estar com eles, mas eu insisti para que retornassem à sua corte, como fizeram por muitos meses também os eleitores. E ele nunca quis sair de sua fortaleza, chamando outros parentes e amigos e lá está.[30]

Assim como Pedro V e seus partidários que fugiram para Mbamba Libota requisitaram a presença de Cherubino de Savona para a construção de um hospício, uma igreja e legitimarem-se como os regentes do Congo, Frei Rafael e Dr. Godinho também foram alvos de disputa entre os quimpanzo e quinlaza. A chegada deles ao Congo em 1781 pode ser reinterpretada no contexto dessas disputas.

Os quinlaza de Mucondo apropriaram-se não apenas dos missionários, mas dos diversos elementos católicos que a sua presença legitimava para subjugarem seus rivais e assumirem o controle da capital do reino. Símbolo da centralização de outrora, S. Salvador oferecia ao grupo no poder o controle sobre o sistema de nomeação de títulos ligados ao cristianismo, entre outras vantagens econômicas e políticas. Domínio este que seria significativamente potencializado com a presença dos religiosos europeus. Pelo relato de Frei Rafael, evidencia-se a

---

30 Tradução livre:"*dopo porchi mesi per paura di guerra, del 1764 fuggi com poca sua gente, e Regina, e si rifugio in Bamba Lubbota nellaPietra D'Izondo fortezza belíssima, ed inespugnabile fatta dalla natura; Là dove s´entra per uma stretta grotia quase d´um miglio, e dentro hà um gran piano, di quatro miglie in giro, com pareti fortissime, che sembravano fatte (dell´arte) di Maniera che da dessuna parte si puo entrare, se non da quella stretta grotta; e nel mezzo del piano passa um fiumicello abbondante di aqua, e qualche poco di pesce bastante per le paesone che vi dimorano, e vi è sito de la seminare i suoi frutti; e quivi há fato fare uma Chiesa, e posto alcune cose, che porlò via dalla Corte del Congo, e poi mandò Ambasciatori e me, acciò fossi andato a fabricar l´Ospizio, e star com Lui, mà lo l´esortai a tornare ala sua Corte, come fecero per molti mesi anche li Elettori, ed egli mai volle uscire dalla sua fortezza, anzi chiamò altri suoi parenti, e amici, e Là se ne stà.*" Toso, Carlo. Relazioni inedite di P. Cherubino Cassinis da Savona, p. 207.

participação privilegiada de agentes quinlaza, irmãos de José I (D. Afonso e D. André) na iniciativa de receber os missionários para legitimá-los como sucessores:

> Nestes dois irmãos do dito Rei, temos sempre achado grande familiaridade. Estes foram os que em nome do Rei seu irmão, mandaram pedir Padres ao Senhor Bispo, e os que segunda vez mandaram, cujo Embaixador encontrámos em o Rio Loge, como fica dito, e os que nos mandaram buscar a Bamba.[31]

Os representantes da igreja: prelados provinciais, missionários e patrocinadores lusitanos da missão nada sabiam sobre o contexto da política interna conguesa. Em sua sanha em "reestabelecer a parceria" com o rei do Congo via missão católica pouco notaram que os religiosos europeus foram requisitados e instrumentalizados pelos quinlaza para afirmação de sua legitimidade interna frente aos quimpanzo.[32] Faz-se importante compreendermos as motivações internas para a busca de padres, que parecem ter sido essencialmente políticas no período (porém nunca desvinculadas do aspecto religioso) e de caráter interno.

Por isso, ao observarmos este contexto pelo prisma europeu da missionação, falhamos em acessar a especificidade da agência histórica e das motivações conguesas. Através de um olhar interno à política congolesa buscaremos neste capítulo observar aspectos específicos do uso dos elementos católicos

---

31 Frei Rafael Castello de Vide. Viagem e missão no Congo, p. 84.
32 Frei Rafael Castello de Vide. Viagem e missão no Congo, p. 4.

como legitimadores de poder real, em sua relação com rivais e aliados das províncias.

D. Afonso I Mvemba a Nzinga e a africanização política do catolicismo

Para compreendermos a relação do poder do Mani Congo com os elementos católicos no século XVIII, é essencial que examinemos o principal personagem na história política congolesa: Mvemba a Nzinga, coroado em 1509 como D. Afonso I. Mesmo que o recorte cronológico de nossa investigação não retorne ao período afonsino, esta digressão será medular para um olhar atento aos significados políticos do catolicismo no período pós-restauração.

D. Afonso I foi o mais notório soberano da história do reino do Congo, batizado na década final do século XV junto ao seu pai Nzinga a Kuwu e alguns membros selecionados da elite política conguesa. Desde os primeiros contato, D. Afonso destacou-se por seu empenho na incorporação do cristianismo às estruturas políticas locais. Segundo fontes do período, ele tornou-se um cristão fervoroso, grande conhecedor dos textos bíblicos e da língua portuguesa. Enquanto esteve no poder, empreendeu significativos esforços para o letramento e catequese de sua elite, enviou muitos jovens do alto escalão social do Congo para Portugal para se instruir nestes saberes e teve seu filho D. Henrique nomeado bispo em 1518. As cartas que trocou com o el-rei de Portugal e o Papa também são fontes muito conhecidas pela historiografia.

O evento decisivo da vinculação do poder de D. Afonso aos elementos católicos recém-emprestados dos portugueses foi a disputa da sucessão contra seu irmão Mpanzo a Kitima. Ao contrário de Afonso, Kitima representava a facção da elite congolesa ancorada na tradição política e religiosa. Parece-nos, através dos relatos de Afonso, que Kitima seria o candidato natural à sucessão de Nzinga a Kuwu. Após a morte deste, seus filhos passaram a disputar o poder e Afonso utilizou-se das novidades cristãs para afirmar sua proeminência frente o irmão. Vejamos a descrição feita por escrito pelo próprio D. Afonso aos "principais senhores do seu reino" e copiada ao rei de Portugal D. Manoel II:

> E aquele nosso irmão que a sucessão indevidamente e contra a justiça nos ocupava, posto em armas com número infindo de gente, e apoderando-se de todo nosso Reino, o senhorio, o qual quando assim vivos por só salvação de nossa pessoa nos fingimos doente; e estando assim com os nossos, por uma divinal inspiração de nosso Senhor, nos esforçamos, e chamamos os nossos trinta e seis homens, e com eles nos aparelhámos, e nos fomos com eles à praça da cidade, onde o dito nosso Pai faleceu, e onde gente de número infindo estava com o dito nosso irmão, e ali bradámos por nosso Senhor Jesus Cristo, e começámos a pelejar com os nossos contrários e dizendo os nossos trinta e seis homens inspirados da graça e ajuda de Deus, já fogem, já fogem os nossos contários se puzeram em desbarato, e foi por eles testemunhado, que viram no ar uma Cruz branca, e bem aventurado Apóstolo Sant'Iago com muitos cavalos armados e vestidos de

vestiduras brancas pelejar, matar neles, e foi tão grande o desbarato e mortandade, que foi coisa de grande maravilha.[33]

Mesmo que Afonso tenha afirmado ser ele próprio o sucessor legítimo de seu pai D. João I Nzinga a Kuwu, o fato de serem apenas trinta e seis os seus partidários representa provavelmente um golpe de uma minoria, utilizando não somente um argumento cristão, mas recorrendo a intervenção de Apóstolo São Tiago, muito ativo nas batalhas europeias contra os chamados de "mouros" ou" infiéis". Independentemente dos fatos ocorridos na batalha de 1509 na praça central de S. Salvador, este relato serve como ratificador do golpe de D. Afonso I, que a partir dele funda uma nova tradição política, usando-se destes inéditos argumentos para a tradição conguesa:

> As quais armas que assim nos enviou significam a Cruz que no céu foi vista, e assim o Apóstolo Sant'Iago com todos os outros santos com que por nós pelejou, e sob cuja ajuda de Deus nosso senhor nos deu vitória, e assim também como pelo dito Senhor Rei nos foram enviadas as tomamos como a parte das suas que nas ditas armas meteu, as quais todo poderoso deu nosso senhor pelo seu anjo ao primeiro Rei de Portugal pelejando em batalha contra muitos Mouros, inimigos de sua santa Fé que aquele dia venceu e desbaratou. As quais armas

---

33 Ferronha, António Luís Alves (org). *Cartas de D. Afonso Rei do Congo.* Lisboa. Comissão pela comemoração dos descobrimentos portugueses, p. 21.

assim pelo dito senhor Rei de Portugal a nós enviada com muita devoção.³⁴

Percebe-se no relato de Afonso a apropriação da história mítica da fundação do reino de Portugal do milagre de Ourique, protagonizada por Afonso Henriques no século XIII. Esta narrativa deve ter sido divulgada pelos portugueses em contato com autoridades no "Novo Mundo", como argumento retórico para a conversão das novas almas. Porém parece ter sido utilizado pelo jovem "príncipe" conguês como um argumento de poder frente ao grupo então hegemônico. Ao imitar a fundação de Portugal, Afonso introduzia novo vocabulário político-religioso e tornava-se ele próprio o fundador de uma nova tradição política.

É interessante notarmos o papel do escudo de armas, citado pelo jovem Mani Congo, confeccionado em Portugal, como iconografia que referenciava o milagre compartilhado entre os dois reinos. Este signo para o rei de Portugal significava a vitória da cristandade em terras remotas e a confirmação da vocação imperial e divina de Portugal. No contexto conguês, este símbolo rememorava a batalha refundadora de D. Afonso e reafirmava a legitimidade política de seu grupo e sua descendência.

O sucesso desta manobra política afonsina evidencia-se em períodos posteriores. No século XVIII, nossas fontes nos trazem constantemente referências a esta batalha e este personagem. A forma na qual a batalha é narrada nas fontes do período pós-restauração, difere significativamente do relato

---

34 Ferronha, António Luís Alves. *Cartas de D. Afonso Rei do Congo*, p. 23-24.

que aparece nas cartas afonsinas. Vejamos o registro que fez frei Rafael desta:

(...)houve também neste Reino no princípio uma coisa memorável, de que há tradição, virem os anjos em defesa do Rei, em uma guerra que lhe faziam seus inimigos, aparecendo no ar cinco braços, que em um instante mataram todos seus inimigos, pelo que os Reis conservam as suas armas com cinco braços com espadas nas mãos, e Coroa real em cima. O motivo da guerra foi porque o Rei então chamado D. Afonso mandou enterrar viva a sua própria mãe, por não querer abraçar a fé Católica, e os parentes vinham por isto fazer guerra ao Rei; pelo que todos morreram.[35]

É interessante notar que a imagem de S. Tiago desaparece nessa versão da narrativa da batalha. Segundo o que Frei Rafael ouviu da tradição dos congoleses, a intervenção divina se deu por "*cinco braços com espadas nas mãos e coroa real em cima*" fazendo uma alusão muito clara ao escudo de armas do reino do Congo, feito como presente do el-rei de Portugal para D. Afonso I. Ou seja, a tradição ibérica do Apóstolo Tiago teria dado lugar à imagem do próprio escudo de armas do Congo, símbolo da realeza de D. Afonso I.

Se no relato de D. Afonso I ao rei de Portugal é um santo católico a figura central na batalha, nos relatos locais do século XVIII o próprio D. Afonso torna-se o eixo da narrativa, através de símbolo de sua realeza: o escudo de armas.

---

35   Frei Rafael Castello de Vide. Viagem e missão no Congo, p. 39-41.

Este brasão encontrava-se exposto como um grande monumento esculpido em pedra na praça central de S. Salvado – sede da milagrosa batalha- desde o século XVI (ainda hoje está lá). Esta praça tornou-se importante local de adoração e rememoração da batalha ocorrida trezentos anos, importante para a iniciação dos novos reis no exercício do poder, como testemunhou frei Raimundo:

> Assim que é eleito [rei], vão buscá-lo e conduzem-no para uma praça onde se prepara uma cadeira, fazem-no sentar, ajoelham-se, pegam num pouco de terra, e esfregam o próprio rosto, batem as mãos, e gritam "Este é o nosso Rei"; e o povo que ali se encontra grita "viva o Rei", e assim se conclui a eleição do Rei; acontece porém muitas vezes que, depois de ser eleito o Rei, chegam mais alguns pretendentes e encontram já eleito o Rei; não ficam satisfeitos e protestam no meio de uma praça, em que está uma grande pedra, na qual estão esculpidas as armas do Rei D. Afonso primeiro, dizendo que não o querem reconhecer como Rei e declaram-lhe guerra.[36]

É interessante notar que este local sagrado além de ter sido símbolo ratificador do poder de um novo rei, constituía-se também como local privilegiado para protestos de facções derrotadas, ou seja, "pedra fundamental" na atribuição de licitude e legitimidade política, que contava também com a sanção de um padre:

---

36 Correa, Arlindo. Informação o reino do Congo por Raimundo Dicomano (…), p8.

> Em seguida, a estes se unem outros que fomentam o mesmo partido, e se o Rei eleito quer permanecer no trono, tem de pagar a estes alguma coisa e geralmente tiram-lhe tudo quanto tem, (...) O Rei eleito não pode exercer nenhuma função enquanto não for coroado por um Padre, não pode construir o seu palácio de palha, nem morar no lugar próprio do Rei, pois durante esse tempo é apenas chefe dos Conselheiros. O Rei deve ser sempre escolhido entre os descendentes de uma das três famílias de D. Afonso.[37]

Parece-nos evidente, diante dos relatos das fontes, a vinculação do poder político do rei do Congo no século XVIII com a figura mítica de D. Afonso I e de elementos do catolicismo (incluindo o próprio missionário) que simbolizavam a tradição política fundada por este soberano no século XVI.

Thornton argumentou pela importância da figura de S. Tiago ao longo do século XVII, vinculada à identidade conguesa. O dia reservado a este santo no calendário cristão: dia 25 de Julho teria sido, segundo o autor, desde o reinado de D. Afonso I um feriado nacional congolês, muitíssimo comemorado ao longo do período de grande centralização do poder, assim como no período das guerras civis.[38]

O fato de S. Tiago não ter sido citado nas fontes do século XVIII não significa necessariamente que não ocorriam festividades em nome deste santo como no século anterior, ou

---

37 Frei Rafael Castello de Vide. Viagem e missão no Congo, p. 8-9
38 Thornton, John K. The development of an an African Catholic Church in the Kingdom of Kongo, p. 147-167.

que este tenha sido completamente esquecido. Acreditamos simplesmente que no período pós-restauração, tais símbolos dos tempos primordiais: o santo, o escudo de armas, os padres, dentre outros tenham sido no período pós-restauração primordialmente referenciais ao próprio D. Afonso I e sua "refundação" mítica e não a uma tradição cristã.

A versão da batalha registrada no século XVIIII, também apresenta novas motivações. Já não era mais a sucessão de Nzinga a Kuwu a razão da disputa entre os irmãos e sim a vingança de Kitima por Afonso ter enterrado viva a própria mãe, que se negara à conversão ao catolicismo, como nos relatou frei Rafael acima, e também foi salientado por Dicomano.[39]

Tradições de meados do século XVII coletadas por Cavazzi (citadas por Thornton) transmitem uma versão da fundação do reino do Congo pelo ferreiro Lukeni lua Nimi. Este herói fundador teria nascido no início do século XIV em Vungo (Bungo), território ao norte do rio Congo, filho de Nimi a Zima, soberano deste potentado. Apesar de suas qualidades para administrar o território, Lukeni não era o legítimo herdeiro ao cargo de chefe político ocupado por seu pai, sendo apenas o quarto irmão na sucessão do poder. Lukeni decidiu cobrar impostos em nome de seu pai, de sua própria mãe grávida, que se recusou a pagá-los (provavelmente diante de sua ilegitimidade como sucessor político). Diante da recusa, Lukeni esfaqueou seu ventre, assassinando mutuamente sua mãe e o irmão em gestação. Este gesto marcou a ruptura de Lukeni com a tradição política vigente. Em seguida, migrou em direção ao sul e após cruzar o grande rio Congo, subjugou

---

39 Correa, Arlindo. *Informação o reino do Congo por Raimundo Dicomano*, p. 1.

os povos agricultores que ali viviam, fundando assim um novo estado, chamado Congo. A partir desta fundação, Lukeni teria expandido seu território dominando pequenas chefaturas, através de um sistema de poder altamente centralizado sediado na capital intitulada Mbanza Congo (Cidade do Congo).[40] Ao tornar-se soberano deste novo estado, Lukeni teria passado a ser chamado de "ntinu", inaugurando este novo título, o mais alto título político do então recém-fundado Congo. A partir de então, apenas os descendentes de Lukeni poderiam ocupar o cargo de chefe político do Congo (Mani Congo) e gozar deste título: ntinu.[41]

Vemos, portanto, a recorrência da mesma simbologia de ruptura e fundação na descrição de Cavazzi sobre Lukeni no século XVII e nas descrições de Dicomano e Rafael de Vide no século XVIII, nas quais o fundador torna-se D. Afonso I.

Em ambas as narrativas, Lukeni e Afonso eram filhos de chefes políticos e desejaram herdar o poder dos pais, mas em ambos os casos foram impedidos pelo sistema tradicional de sucessão ("seus parentes"). Considerados ilegítimos

---

40 Thornton, John K. Origin traditions and history in Central Africa. *African Arts.V.* 34. Los Angeles, UCLA African Studies Center, 2004.p 32.

41 Thornton citou estas tradições coletadas por Cavazzi com objetivo de recuperar as origens do reino do Congo. Apontou para o caráter altamente "ideológico" desta tradição, chamando atenção para algumas incoerências das informações fornecidas por esta tradição. Ele levanta a hipótese do verdadeiro fundador do Congo ter sido Nimi a Zima, o que faria de Lukeni o segundo rei do Congo. De qualquer forma, Thornton acredita ter havido uma ruptura na tradição política que fez com que Lukeni tenha inaugurado o título de "ntinu". Todos esses *ntinu* possuíam também o título de "Mani Congo", que possuía significado mais genérico de "soberano do Congo". Portanto, pela recuperação histórica de Thornton Lukeni poderia ser o segundo Mani Congo, mas certamente foi o primeiro ntinu, e é a este título que confere a ele o papel de fundador mítico. Thornton, John K. Origin traditions and history in Central Africa, p. 32.

pela tradição política vigente, ambos optam por rompê-la. O assassinato das mães (e dos irmãos) nas duas narrativas parece simbolizar esta ruptura. É importante lembrar de que a transmissão da linhagem se dava (principalmente, porém não exclusivamente) de forma matrilinear no Congo, portanto, o assassinato da mãe poderia simbolizar a fundação de um novo núcleo, uma nova tradição.

Desta forma, segundo a simbologia presente nas narrativas, ambos os personagens romperam com a ancestralidade tornando-se fundadores de novos paradigmas políticos, nos quais passam a figurar como ancestrais míticos. Incorporou-se, como consequência, em ambos os casos novos títulos políticos: Lukeni tornou-se "ntinu"; Afonso tornou-se "rei".

No século XVIII vemos, portanto, a preponderância da narrativa de refundação de D. Afonso I nos moldes de Lukeni frente à vinculação tradição cristã-portuguesa da batalha de Ourique, utilizada como argumento por Afonso no século XVI.

Através de outras fontes, Cecile Fromont apresentou em tese anterior ao nosso uma hipótese que vai de encontro a esta interpretação, que infelizmente viemos a conhecer apenas em períodos de revisões deste trabalho. A autora também interpretou tradições que contavam a história da conversão do Congo que coloca Afonso em posição de fundador, substituindo o ferreiro Lukeni através de fontes diferentes das nossas através de uma interessante descoberta. Ao analisar o manuscrito do capuchinho Andrea da Pavia em 1700, Fromont encontra uma versão diferente da história de conversão e guerra contra seus parentes pela adoção do catolicismo. Nesta, o jovem Afonso mata seu próprio pai Nzinga a Kuwu decaptando-o o que gera a consequente batalha na qual S. Tiago interfere magicamente: vitória que estabelece a cristandade como elemento assiciado à realeza.[42]

Sua interpretação faz-se bastante mais sofisticada e completa ao afirmar que os saberes advindos do catolicismo adotados por D. Afonso I teriam sido substitutos equivalentes, com significados simbólicos semelhantes, à forja do ferro, dominado pelo primeiro civilizador Lukeni. Desta forma Afonso teria perpetrado uma "inovação mítica" nas palavras da autora. Apenas diante deste novo arsenal visual e filosófico, Afonso teria tido elementos para se consagrar como novo fundador mítico. Por ter trabalhado essencialmente com a análise de fontes visuais, Fromont interpretou o escudo de armas e os *sangamentos* como sínteses visuais, que reafirmavam cotidianamente ambas as fundações míticas: católica e tradicional. O escudo de armas seguiriam padrão europeu-cristãos e ao mesmo tempo recontariam a vitória de Afonso, mas ao mesmo tempo se refeririam à posição de ataque dos nkisi tradicionais (também relacionados ao ferro). Os *sangamentos* seriam performanses acrobáticas e musicais representada em dois atos. O primeiro seguia moldes mais "tradicionais" em sua indumentária e perfoemance, enquanto no segundo cruzes e roupas europeizadas entrariam em cena para recontar a batalha afonsina. Esta prática cotidianamente ligada ao poder no congo teatralizando era responsável por teatralizar a unção de ambas as fundações míticas.[43]

---

42 Fomont, Cecile A. *Under the Signe of the Cross*, p. 86-89.

43 O Segundo capírulo da tese da autora trata deste aspecto mais associado ao poder político: Fomont, Cecile A. *Under the Signe of the Cross*, p. 67-110.

Estas brilhantes indicações de Fromon corroboram com a tese defendida aqui através das fontes do final do século XVIII que o arsenal simbólico português não trouxe um novo modelo político e religioso, apenas deu aporte para que D. Afonso I e seus descendentes fundassem e justificassem sua legitimidade em ocupar o poder centralizado. O vocabulário da realidade cristã europeia, assim como ritos e insígnias cristãos, foram ferramentas da agência histórica conguesa para realizar uma ruptura que se utilizava dos padrões da tradição. Através da incorporação dos elementos católicos, D. Afonso ofereceu novos símbolos de poder, que continuariam (ao longo da História conguesa) sendo ritualizados como rememoração deste fundador e desta identidade política.

Títulos nobiliárquicos europeus apropriados

Não apenas o cristianismo, mas outros elementos da tradição europeia e a própria língua portuguesa foram instrumentalizados pelas elites conguesas como signos distintivos de prestígio político e social. Os títulos nobiliárquicos do antigo regime português como: duque, marquês, príncipe, fidalgo e infante foram incorporados desde o reinado de Mpanzo a Nimi (D. Alvaro II) na virada do século XVI para o XVII e continuavam a vigorar durante o período pós-restauração.[44]

Há uma primeira distinção mais importante, entre Infantes e Fidalgos. Na tradição nobiliárquica portuguesa. O título de

---

44 Sobre a incorporação de títulos no século XVI: Hilton, Anne. *The Kingdom of Kongo*, p. 53. Também Thornton, John K, The development of an African Catholic Church in the Kingdom of Kongo, p. 147-167.

infante era exclusivo para descendentes diretos do rei, dentre os quais o principal era o príncipe herdeiro. Já os fidalgos, contração de "filho-de-algo", referia-se uma aristocracia poderosa, em geral bastante rica, mas não titulada. No período inicial dos batismos no Congo os primeiros usos dos títulos de origem portuguesa pareciam operar por simples tradução. Os soberanos africanos recebiam nomes europeus equivalentes aos seus cargos como soberanos de província. O Mani Bamba, por exemplo, ganhava também o título de Marquês de Bamba, simples tradução pela identificação da semelhança entre estruturas portuguesas do antigo regime e a congolesa. Entretanto, a partir da internalização destas estruturas, iniciada na primeira década do século XVII, houve uma apropriação dos títulos portugueses pelo sistema de organização política local. Neste processo que ocorreu ao longo do século XVII, estes títulos passaram a fazer referência a Afonso I. O título de infante, muito restrito no reino português, teve seu uso ampliado no Congo, como nos relatou Frei Raimundo da Dicomano:

> Para dar uma ideia destes Infantes, Duques, Marqueses etc. é preciso saber que o Rei D. Afonso primeiro teve três filhos, dois varões e uma mulher; destes três filhos se fizeram as três famílias que agora são consideradas no Congo. Todos os descendentes destes três filhos são chamados Infantes, ainda que a mãe seja escrava, como é o caso do presente Rei. Por isso acontece que no Congo são inumeráveis os Infantes, e não se distinguem dos outros pretos.[45]

---

45 Correa, Arlindo. Informação o reino do Congo por Raimundo Dicomano (...), p8.

É interessante notarmos a apropriação e ampliação do título vinculado a D. Afonso I, uma vez que foi ele próprio (ao olhar dos europeus) o primeiro infante do Congo, por ter sido filho do rei Nzinga a Kuwu, mesmo que a primeira evidência tenha sido no reinado posterior de D. Alvaro II.[46] No século XVIII "Infante" não era um título, mas a qualificação que recebiam os descendentes diretos das três linhagens de D. Afonso.

Os infantes eram exclusivamente os que poderiam ganhar títulos de duque, marquês ou príncipe. Duques e marqueses eram soberanos de Mbanzas: povoações maiores, algumas chegando a ter algumas dezenas de milhares de habitantes.[47]

Cherubino de Savona apresenta números populacionais de diversas províncias com centenas de milhares de habitantes, dados que devemos observar cuidadosamente, pois parecem bastante exagerados: se estivessem corretos a população do Congo teria crescido mais de dez vezes em relação à estimativa de John Thornton para o século XVI.[48] De qualquer forma, havia mbanzas bastante populosas no século XVIII, governadas por duques e marqueses.

De acordo com Dicomano, o Mani Congo possuía influência apenas na oficialização ritual que confirmava o título, mas este não possuía prerrogativa na escolha dos dirigentes das mbanzas de outras províncias. Ou seja, estes governadores de províncias eram nomeados internamente de acordo com regras

---

46 Hilton, Anne. *The Kingdom of Kongo*, p. 53.
47 Broadhead, Susan H. *Beyond Decline*, p. 629
48 Thornton, John. Elite women in the kingdom of Kongo, p. 438. Savona calculou, por exemplo, que em Soyo haveriam na mais populosa província-de China- mais de 400 mil habitantes. No reino todo estimou seis milhões. Sendo que ele teria batizado 700 mil e casado 300 mil. Esses dados são evidentemente exagerados.

locais e se o dirigente fosse um infante (pertencente à linhagem de Afonso I) poderia ser oficializado pelo Mani Congo reinante. Apesar disso, nota-se que o pertencimento a uma das três famílias ligadas a D. Afonso era muitas vezes contestado, causando conflitos entre os candidatos ao trono e aqueles que não os aceitavam como legítimos. Por isso, o poder de nomeação exercido pelo rei tornava-se um critério importante para a confirmação da legitimidade dos soberanos locais.[49]

Discutiremos mais cuidadosamente sobre estes infantes no próximo capítulo, que abordará especificamente o poder político local, no qual buscaremos compreender as diferenças entre as diversas titulações, que aparecem de maneira nebulosa na documentação.

Fidalgos, por sua vez, eram aqueles que não eram descendentes diretos de Afonso, porém também podiam ocupar cargos políticos. Por não serem infantes, não podiam governar mbanzas, tampouco disputarem eleições reais. Administravam porém libatas (aldeias menores mbanzas), havendo fidalgos de muito prestígio, por vezes mais ricos e poderosos que muitos infantes, como aquele que Frei Rafael de Vide conheceu em 1786:

> Aqui a esta Banza me mandou chamar um Fidalgo grande, não era Infante, mas senhor muito poderoso, porque os Infantes só se chamam aqueles que vêm da descendência dos Reis, que eles na sua língua chamam Muana de Congo e os outros Fidalgos só lhe chamam Mexicongos.[50]

---

49 Correa, Arlindo. Informação o reino do Congo por Raimundo Dicomano (...), p8-9.
50 Frei Rafael Castello de Vide. Viagem e missão no Congo, p. 202.

Aqui, temos notícia dos nomes em língua quicongo: infantes eram muana Congo. A palavra "muana" significa "criança" ou "filho", ou seja, em quicongo dava-se também a distinção pela descendência. Muana Congo seriam descendentes dos ancestrais ligados ao poder central, enquanto fidalgo (moxicongo), assim como na Europa, não possuíam a prerrogativa advinda desta gloriosa ancestralidade.

Essa aproximação semântica entre as qualificações distintivas em português e quicongo não significa dizer que este fosse um empréstimo do modelo organizacional europeu. Ao contrário disso, referia-se ao mais importante personagem da tradição congolesa: D. Afonso I, que em última instância repristinaria a fundação primordial do Congo por Lukeni.

Príncipe e nlumbu: os "reis de fora"

No período havia cargos de grande prestígio vinculados ao poder central, também exclusivos da muana Congo; dentre eles destacavam-se o príncipe e o nlumbu. O cargo de príncipe era oferecido diretamente pelo rei do Congo a um infante externo à S. Salvador, em geral marquês ou duque de alguma província importante. Era uma espécie de vice-rei, que em eventual ausência do soberano em Mbanza Congo, ocuparia seu lugar temporariamente. Outro substituto poderia ser o nlumbu, seu principal oficial, descrito pela documentação como "mordomo-mor".[51]

Na tradição europeia, o Mordomo-mor era o primeiro funcionário da Casa Real da Coroa portuguesa, que geria

---

51 Correa, Arlindo. Informação o reino do Congo por Raimundo Dicomano (...), p. 8 e 9.

todos os outros oficiais vinculados à mesma, era o oficial de maior importância e mais próximo ao rei português. O fato de nlumbu ter sido descrito como tal por Dicomano e Rafael de Vide sugere que este cargo era ocupado por alguém de grande confiança, pertencente à kanda do Mani Congo. Uma vez que o Mani Congo sofria diversos tipos de restrição à circulação e aparição pública, regras que visavam protegê-lo dos possíveis malefícios causados por ndoki ou opositores, o nlumbo cumpria o papel de representante público do rei. Nota-se este dignitário bastante atuante frente aos missionários, transmitindo ordens do Mani Congo e intermediando também reivindicações dos padres, que em muitas situações tinham a presença do rei interdita. O tabu do contato direto era comum ao rei e seus súditos, sendo o nlumbu um dos poucos isentos do mesmo, portanto, tornavam-se peça essencial para o exercício cotidiano do poder do Mani Congo.[52]

Ao contrário do nlumbu, o príncipe deveria ser vinculado aos poderes externos a Mbanza Congo e, como nos informa Dicomano, não poderia encontrar-se com o rei:

> O Rei não pode sair de casa senão em duas ocasiões, isto é, quando há um Padre e quer ir assistir à Missa; então deve avisar os seus Conselheiros, e estes têm de o acompanhar; mas se o Príncipe quer assistir à Missa, então não a pode ouvir o Rei (...).[53]

---

52 O "mordomo-mor" aparece como descrito em Correa, Arlindo. Informação o reino do Congo por Raimundo Dicomano (...), p.9. e Frei Rafael Castello de vide. Viagem e missão no Congo, p. 128 e p. 251.

53 Correa, Arlindo. Informação o reino do Congo por Raimundo Dicomano (...), p10.

Por ter sido um título de grande prestígio que, em muitos casos, apontava o próximo provável Mani Congo, a nomeação do príncipe por parte do poder vigente era constantemente utilizada para apaziguar conflitos, garantir a rotatividade e o equilíbrio entre as *makanda*.[54] Ao assumir o poder, uma *kanda* poderia (e cremos que em geral o fazia) nomear como príncipe algum eminente infante da kanada adversária, selando assim um pacto que possibilitava estabilidade.

Desde a restauração em 1709 até o golpe de D. José I em 1780, este sistema parece ter funcionado entre quimpanzo e quinlaza. Mesmo após a queda do sistema rotativo em 1781 com a tomada de S. Salvador por Nepaxi a Giacana, que culminou num período de hegemonia dos quinlaza, sabemos o príncipe continuava sendo de quibango, um dos principais territórios rivais:

> Mas aqui me satisfez o Senhor com outra consolação, recebendo uma carta do Príncipe de Quibango, cheia de piedade e respeito, cuja carta vai inclusa nestes papéis, para que se conheça o desejo de Padres, que tem este Reino. Este Príncipe o é verdadeiramente, ainda que me muitos tomam estes títulos (...).[55]

No caso deste título de príncipe, do qual infelizmente não temos notícia do nome em quicongo, percebemos mais uma ressignificação de um elemento de origem europeia. De fato, não sabemos se este título possuía uma denominação

---

54 Correa, Arlindo. Informação o reino do Congo por Raimundo Dicomano (...), p8.
55 Frei Rafael Castello de Vide. Viagem e missão no Congo, p. 197.

equivalente em quicongo ou se foi um empréstimo da língua e da estrutura política europeia. Também não é possível estabelecermos um período no qual este título foi incorporado e ressignificado. Parece provável que ele tenha ganhado maior importância após a reunificação em 1709, uma vez que o sistema rotativo implantado por D. Pedro IV foi essencial para a estabilidade política, por sua concessão ser um mecanismo de apaziguamento dos conflitos. Pode ser que em períodos de início do século XVI ao início do XVII, período de intensa centralização do poder, este título tenha sido dado aos filhos do Mani Congo, pois era comum que se escolhesse o filho para suceder o pai, como no notável caso de D. Afonso I, filho de Nzinga a Kuwu, ou mesmo dos três Alvaros de quimpanzo: Nimi a Luqueni (I), Mpanzo a Nimi (II) e Nimi a Mpanzo (III), na passagem do século XVI para o XVII, que sucederam todos seus próprios pais.[56]

Mani Vunda e os espíritos locais

Um importante personagem da elite política do Congo na segunda metade do século XVIII foi Mani Vunda. Além de possuir grande poder, ele foi importante na discussão sobre a relação entre o poder político "tradicional" e as práticas que envolviam elementos católicos no Congo. O texto de frei Raimundo explora minuciosamente a atuação deste chefe:

> (...) o Marquês Mani Vunda, que tem o título de Antepassado do Rei, e este tem mais autoridade que o próprio Rei na administração

---

56 Necessidades, Francisco. Factos memoraveis da História de Angola, p. 2 e 3.

da justiça. Este não pode encontrar-se com o Rei já coroado, porque então o Rei deveria pedir a bênção a este Marquês; cabe-lhe fazer a Coroação e assiste até que o Rei seja colocado no trono e preste juramento, retirando-se depois. Quando morre o Rei, ele fica Regente, e não pode ser eleito Rei. Este Marquês tem maior ou menor autoridade conforme a gente que o segue.[57]

Frei Rafael também se referiu ao Mani Vunda como "marquês", portanto, ele seria no período provavelmente um membro do grupo muana Congo, descendente de D. Afonso I e por isso infante titulado.[58] Mas ao contrário dos outros marqueses, Mani Vunda não era nomeado a partir de uma província ou uma mbanza. Seu título era um importante cargo ligado à eleição e na supervisão do Mani Congo. Era autoridade máxima na administração da justiça e o presidente do conselho real, composto por seis membros. Como presidente permanente do conselho, deveria assumir o poder em caso de morte do rei, convocando e coordenando a eleição do novo soberano, não podendo ele próprio tornar-se rei.[59]

Antes mesmo da morte de um rei, quando o soberano já se encontrava doente, o marquês de Vunda convocava o missionário que fosse vigário geral (como ocorreu com Frei Rafael), o religioso deveria "*cantar o responsório* [cantos religiosos]" que marcavam o início do processo de eleição. O Padre

---

57 Correa, Arlindo. Informação o reino do Congo por Raimundo Dicomano (…), p9.
58 Frei Rafael Castello de Vide. Viagem e missão no Congo, p. 286.
59 Correa, Arlindo. Informação o reino do Congo por Raimundo Dicomano (…), p. 8.

então passava a ocupar o cargo de "primeiro conselheiro" e encontrava-se impedido de encontrar-se com o moribundo rei. Então, diante do Mani Vunda e dos outros cinco membros do Conselho, fazia um discurso exaltando as qualidades que deveria ter o novo rei a ser eleito. Mani Vunda, então, concedia licença para que o padre preparasse os ritos fúnebres do rei e o enterrasse sempre no segundo sábado após a sua morte. Após o funeral, Mani Vunda reunia os conselheiros e chamava os candidatos interessados. Longe da presença do padre, os seis conselheiros votavam elegendo o novo rei.[60]

O Mani Vunda, após ter presidido a eleição, e empossado o novo rei, deveria assistir somente coroação realizada pelo vigário e então se retirar de sua presença, posteriormente interdita. Apesar disso, o poder do Mani Vunda não se restringia ao processo eleitoral, sendo responsável por decisões de temas importantes para o reino e podendo inclusive revogar decisões do rei. Era o juiz supremo dos "negócios de estado". A decisão de ir à guerra, por exemplo, estava condicionada a sua autorização. Nestes casos, como nos relata frei Raimundo, devido ao impedimento do encontro presencial com o rei, os encontros se davam em uma sala com um "buraco na parede" onde se instalava o eminente chefe para comunicar sua decisão ao rei, proibido de lhe dirigir a palavra em resposta.[61]

Mani Vunda ocupava também o topo da hierarquia judiciária no Congo na instância da justiça comum, não apenas em decisões de estado. Poderia intervir principalmente em casos

---

60 Correa, Arlindo. Informação o reino do Congo por Raimundo Dicomano (...), p. 8-9.

61 Correa, Arlindo. Informação o reino do Congo por Raimundo Dicomano (...), p10.

de disputas entre membros da elite. Frei Raimundo nos oferece uma preciosa discrição do funcionamento da justiça e do julgamento de recursos, aparentemente comuns em casos que envolviam disputas no alto escalão social:

> Cada Senhor de Banza ou Libata tem um macota, isto é um velho chamado Manimpemba ou advogado, e quando surge alguma divergência entre o seu povo, este advogado examina a causa e, ouvidas as partes, decide.Quando sucede haver uma demanda entre dois Senhores, então escolhem um Senhor dos mais potentes para juiz, e na sua presença, e do seu advogado, os advogados dos litigantes defendem a lide do seguinte modo: o Senhor que chamou o outro na presença deste terceiro, que é o juiz, deve ser o primeiro a dizer as suas razões, e apresentar as provas; mas antes de falar, tem de depositar aos pés do juiz e do seu advogado uma quantia em dinheiro (que eu não sei quanto é), ou um porco, ou uma cabra, e depois falar. Quando este acabou de falar, o juiz diz ao outro que venha tal dia para responder, e o juiz com o seu advogado e os velhos comem aquilo que o outro pagou.
> Dada finalmente a sentença, se não ficam satisfeitos podem recorrer para um dos seis grandes do Reino, deste para o Príncipe, do Príncipe para o Rei, do Rei para o Marquês Mani Vunda, e então já não podem recorrer, e este último

tem toda a autoridade para anular até a sentença do Rei.⁶²

Frei Rafael de Vide, na década de 1780, e Frei Raimundo Dicomano, dez anos mais tarde, recorreram ao Mani Vunda diante do descontentamento frente às decisões do rei. O caso de Frei Rafael foi relatado no capítulo anterior e dizia respeito ao embate entre o padre e os mobires (ou vilis), traficantes de escravos naturais de Loango que atuavam no entorno de S. Salvador. Como vimos, os mobire mantinham escravos congueses em seus quilombos e os repassavam para intermediários que os vendiam para navios ingleses, holandeses e franceses. Frei Rafael, advogando pelo interesse de Portugal, que buscava bloquear essa atividade, recorreu ao conselho do Congo para reclamar da atitude do rei em ignorar seus pedidos em apoio aos mobires. Neste caso, Frei Rafael ameaçou abdicar do cargo de Vigário Geral e partir definitivamente do reino e para tal pediu licença ao conselho, e o fez com intenção de pressionar o rei D. Antônio II. Segundo o que nos relata a fonte, os conselheiros teriam se reunido, presididos por Vunda, e decidido pela permanência de Frei Rafael no Congo, exigindo que o rei tomasse providências para a manutenção do padre.⁶³

No caso de Frei Raimundo, no ano de 1795, o motivo da pendenga era semelhante, dizendo respeito à retirada do padre, na qual a interferência do juiz foi ainda mais contundente:

---

62 Correa, Arlindo. Informação o reino do Congo por Raimundo Dicomano (...), p. 11.

63 Frei Rafael Castello de Vide. Viagem e missão no Congo, p. 291-292.

> O Rei com todos os outros não queria dar-me licença para partir, só o Príncipe estava do meu lado, porque eu lhe tinha dado muitos presentes; então mandei uma porção de aguardente e outras coisas ao Marquês Mani Vunda, para que se não me opusesse, e falasse a meu favor e assim foi.(...)
> Quando se ouviu a voz do Marquês que, saindo de um buraco daquela parede de palha, dizia que eu não era escravo, e que estando doente podia partir quando quisesse, e que era uma vergonha para a nação Congolesa dizer que um Sacerdote era escravo, sem poder voltar a Luanda quando queria, então acalmaram-se e o Rei concedeu-me a licença.[64]

Este notável parece ter exercido no período pós-restauração um poder politicamente paralelo e independente com relação ao rei do Congo e a muana Congo e quiçá portador de autoridade religiosa independente ao catolicismo. Para aprofundarmos este tema primordial é importante que nos aprofundemos na historiografia que tratou de tempos anteriores sobre as possíveis origens desta autoridade na organização política conguesa.

Jean Cuvelier foi o primeiro a dissertar sobre as origens do reino do Congo, através das já citadas tradições orais coletadas na década de 1930 e 40. As micro-histórias de kanda narraram também origens do Congo.[65] Cuvelier comparou essas tradições com descrições do missionário Cavazzi de Montecúcolo

---

64 Correa, Arlindo. Informação o reino do Congo por Raimundo Dicomano (...), p. 10.
65 Cuvelier, Jean. *Nkutama amnvila za makanda.*, Congo, Tumba, 1934.

do século XVII com a intenção de reconstruir a narrativa mítica das origens do reino do Congo. Nestas, o herói fundador Nimi a Lukeni, (Lukeni dia Nimi segundo Thornton) teria alcançado a região do futuro reino e encontrado ali um importante kitomi (sacerdote dos espíritos locais) com o título de Mani Kabunga.[66] Na tradição religiosa centro-africana os espíritos locais são tradicionalmente importantes, possuindo grande influência sobre sociedades que ocupavam seus territórios. Sobretudo no caso de imigrantes, haveria uma preocupação em prestar respeitos àqueles donos da terra recém-chegadas. Por isso, Lukeni teria se submetido aos poderes rituais de Kabunga, como forma de respeito aos donos espirituais da terra, tornando-se permanentemente dependente deste quitome e das entidades que ele comunicava. Cuvelier e Hilton argumentaram que o poder de Mani Vunda teria tido origem neste primeiro quitome. Susan Broadhead, em seus estudo sobre os séculos XVIII e XIX, também influenciada por Cuvelier, definiu Mani Vunda como *"successor to the ancient priest of the earth cult"*.[67]

---

66 Segundo Thornton o nome Lukeni lua Nimi seria uma referência à origem do herói fundador, uma vez que significa "Lukeni filho de Nimi". Thornton, John K. The origins and early History of the Kingdom of Kongo, 1350-1550". 200?, p. 89-120. Sobre Lukeni também: MacGaffey, Wyatt. Changing Representations in Central African History, *Journal of African History*, n 46, Cambridge University Press, 2005, p. 105.

67 Broadhead, Susan H, Beyond Decline p. 631 e Trade and Politics p 32 cita a descrição de Dicomano para sustentar sua afirmação, mas não há nada nesse relato que o relacione com algum tipo de sacerdote tradicional, Frei Raimundo diz, ao contrário, que Mani Vunda tinha o título de "antepassado do Rei". Correa, Arlindo. Informação o reino do Congo por Raimundo Dicomano (...), p. 9 A autora provavelmente extraiu a ideia de Jean Cuvelier que faz essa relação baseado em fontes etnográficas e no relato de Cavazzi. Cuvelier, Jean, *L'Ancién Royaume de Congo*. (Bruxelas, 1946)

Anne Hilton apresentou uma teoria intrigante que explicaria o interesse de Nzinga a Kuwu em ser batizado, no advento dos primeiros contatos com portugueses, como uma estratégia de tornar-se mais autônomos dos poderes religiosos de mani Vunda (ou Kabunda). Segundo a historiadora, o catolicismo por via dos missionários traziam uma nova fonte de poder religioso ao mani Congo, que até então se encontrava submetido ao quitome local, possibilitando uma emancipação espiritual.[68]

Thornton problematizou esta tese de Hilton frente às fontes e concluiu que não haver nenhuma evidência da relação do Mani Vunda com o a figura mítica de kabunga. O autor selecionou nas fontes missionárias duas diferentes situações de coroação de reis, em dois momentos temporalmente distintos. O primeiro foi a coroação de Diogo I em 1545 e o segundo em 1622 com a ascensão de Pedro II. Thornton conclui que, nessas ocasiões, Mani Vunda foi um importante personagem político para o processo de eleição, mas argumenta que este não possuía ascensão sobre o rei em aspectos religiosos. Para Thornton, Mani Vunda era um "senhor secular" que, apesar de poderoso, esteve sempre sob tutela do poder do rei.[69]

Observando o contexto do século XVIII através de nossas fontes não é possível optarmos pela defesa total da tese de Hilton ou de Thornton sobre a origem do poder de Vunda. Mas, nos parece que a dependência deste ao Mani Congo, pela

---

68 Hilton, Anne. *The Kingdom of Kongo*, p. 46-69.
69 Thornton, John K. The origins and early History of the Kingdom of Kongo, 1350-1550", p. 113.

qual Thornton advoga ("under King's gift")⁷⁰ parece questionável para nosso período.⁷¹ Uma vez que Vunda não podia tornar-se rei e tampouco estar na presença do mesmo no período pós-restauração, parece-nos que o poder de Mani Congo e o Mani Vunda tinham no período base em campos de legitimidade diversos. Nenhum deles parece estar restrito à dependência do outro no século XVIII. A subordinação é mútua e fundamental para a coesão político-social.

A tese de Hilton, na qual Vunda estaria relacionado ao poder ancestral, dos cultos locais, anteriores à ocupação política do território por Lukeni parece fazer sentido dentro da mentalidade política do período, mesmo que disponhamos de insuficientes evidencias. Esta interpretação torna-se sugestiva se observarmos o papel ritual do Mani Vunda na confirmação o novo rei, através de ritual que envolvia a terra, que parecia simbolizar os poderes religiosos locais:

> Assim que é eleito [o rei], vão buscá-lo e conduzem-no para uma praça onde se prepara uma cadeira, fazem-no sentar, ajoelham-se, pegam num pouco de terra, e esfregam o próprio rosto, batem as mãos, e gritam "Este é o nosso Rei"; e o povo que ali se encontra grita "viva o Rei", e assim se conclui a eleição do Rei(...)⁷²

---

70 Thornton, John K. The origins and early History of the Kingdom of Kongo, 1350-1550", p. 112-115.
71 Thornton, John K. The origins and early History of the Kingdom of Kongo, 1350-1550", p. 113-115.
72 Correa, Arlindo. *Informação o reino do Congo por Raimundo Dicomano*, p. 6-7.

Na condição que segundo Dicomano tinha como "antepassado do Rei", parece-nos aceitável admitir que Mani Vunda tenha exercido um poder paralelo ao vetor que advinham mani Congo e à muana Congo (vinculados a ancestralidade de Lukeni e D. Afonso I) e que tenha ganhado centralidade no contexto de menor poder real. Após décadas de guerras e desorganização política, o papel deste grande senhor parece ter sido determinante para o equilíbrio social e político no período pós-restauração.

A Mbanza de S. Salvador e a Legitimidade Política do Mani Congo

A cidade capital do poder no Congo, onde habitava o rei e seus principais dignitários foi durante o período de centralização de poder (séculos XV ao XVII) um importante referencial simbólico para a identidade política congolesa.

Nos relatos dos primeiros contatos entre portugueses e congoleses em S. Salvador, ocorridos na década de 1490, na ocasião do batismo de João I Nzinga a Kuwu, o nome que aparece para a capital é "Mbanza Congo". Na verdade este é um nome bastante genérico que significava simplesmente, em quicongo: "cidade do Congo", que denota também que esta mbanza era a mais importante politicamente em todo território. Cada província possuía igualmente sua mbanza central, onde habitava o mani local, que em geral levava o nome da província como Mbanza Soyo, Mbanza Mucondo, Mbanza Mbamba.

Mais tarde, o Mani Congo D. Alvaro I (1568-1587), dentre outros esforços para reforçar a identidade católica vinculada ao poder, passou a utilizar, em suas correspondências, o nome português "S. Salvador do Congo" para se referir à sua corte.[73] Uma questão referente às fontes, após Alvaro I, quanto à nomenclatura da cidade é a constante presença do nome em português na documentação. Mesmo em cartas de autoria dos reis do Congo, observamos a referência à "cidade de S. Salvador do Congo" ou apenas "S. Salvador" nas assinaturas. Por isso, não nos é possível julgar se o nome "S. Salvador" era de uso recorrente entre os congoleses para se referirem à sua capital. Tampouco é possível sabermos se o nome Mbanza Congo continuou sendo utilizado para o período do século XVIII. De fato, nenhuma das fontes disponíveis para o período (correspondências de autoria conguesa ou portuguesa e relatórios de missão) cita "Mbanza Congo" como nome da capital.

O uso de "Mbanza Congo" para o século XVIII torna-se ainda mais questionável frente ao relato de frei Rafael, que durante um missão pelo marquesado de Mossul faz referência a uma "mbanza de Congo" (entre as mbanzas de Muala e Bube), bastante distante da capital, localizada numa província com alto grau de independência do Mani Congo.[74]

Frei Cherubino de Savona e Raimundo da Dicomano tratam da capital apenas como S. Salvador. Porém, no relato de Frei Rafael de Vide há na primeira citação à cidade algo que nos chama muito a atenção: *"Tem sua Corte, chamada Cidade de Bemba de S. Salvador, nela é o assento dos Reis(...)"*.[75]

---

73 Heywood, Linda e Thornton J. K. *Central African Creoles and The Foundation of the Americas*, p. 170-172.

74 Frei Rafael Castello de Vide. Viagem e missão no Congo, p. 35-36.

75 Frei Rafael Castello de Vide. Viagem e missão no Congo, p. 39-41.

Esta nomenclatura chamou a atenção de Susan Broadhead, que levantou a hipótese da capital do Congo ter sido chamada de outro nome nos períodos dos séculos XVIII e XIX.[76] Porém Broadhead, ao contrário de Frei Rafael, diz ser "Mpemba" e através desta transformação consciente no nome presente na fonte. A autora sugere que "*mpemba*" em quicongo se referiria ao mortos ("*a word for the dead*"), e seria o nome que a cidade ganhou no período por ter sido um local privilegiado no culto aos ancestrais. Elikia M´Bokolo segue semelhante interpretação (Apesar de não citar Broadhead, tampouco Castelo de Vide) e acrescenta que *mpemba* também é o termo para cor branca, cor dos mortos.[77]

Acreditamos que esta associação originalmente feita por Broadheaad é interessantes e condiz, de fato, com a relação da capital com os ritos fúnebres e culto aos mortos, que trataremos adiante. Mas a mudança automática do nome Bemba para Mpemba para que sua tese se encaixe nos parece ousada. Além disso, Mpemba era o nome de outra importante província, que juntamente a Mucondo, compunha as chamadas "terras da rainha", principal entreposto dos quinlaza no século XVIII.

Numa carta de 1785 à diocese Frei Rafael novamente cita a Corte com seu nome quicongo: "*Sobre as reflexões que V. Ex.ª fez sobre a minha carta que mandei de Bemba são bem fundadas(...)*".[78] Isso reforça a ideia de que não foi um uma opção ortográfica de Frei Rafael,

---

76 M´Bokolo segue a linha de Broadhead apesar de não citá-la claramente. M´Bokolo Elikia. História da África Negra, p. 422, 423.

77 Broadhead, Susan H. Beyond Decline, p. 631. e M´Bokolo, Africa Negra. História e Civilizações. Tomo I, p. 413-430. Chantal Silva também utiliza esta interpretação baseada em M´Bokolo: Silva, Chantal L. Reino do Congo nos séculos XVI a XVIII. Anais do IX Congresso Luso-Afro-Brasileiro de Ciências Sociais. Luanda. 2006.

78 AHU, Papeis de Angola, Caixa 70, Doc. 23.

pois o nome se encontra repetido em dois diferentes documentos. Thornton não discorreu sobre o assunto, mas ao tratar da elite reinante a chama de *"grandes nobres da corte"* (*"great nobles of the court"*) chamados de *"bembacasi"* a partir de uma fonte do século XVII.[79] Provavelmente a palavra bembacasi se refira aos "de Bemba", o que reforçaria a ideia de que o nome seria de fato Bemba e não Mpemba, como arriscaram Broadhead e M'Bokolo.

Mesmo sendo questionável a vinculação direta do nome da capital do Congo em quicongo com o culto aos mortos, é evidente, na segunda metade do século XVIII, a importância de S. Salvador nos ritos fúnebres de membros da alta elite. A intensa devoção dos congoleses ao culto aos mortos na capital chamou a atenção de ambos missionários: Freis Rafael de Vide e Raimundo Dicomano. Nestes cultos havia vinculação dos antepassados com locais de sua sepultura, que coincidia com espaços de culto cristão. As ruínas das antigas igrejas de S. Salvador eram sempre lembrados por um grupo específico como locais de homenagem aos antepassados gloriosos. Destaca-se a "Santa Sé" ou "Catedral" do Congo, que foi construída em pedra no período do batismo do primeiro Mani Congo. Nossas fontes testemunharam que grande parte de sua estrutura ainda estava conservada nas últimas décadas do século XVIII.[80]

Outras igrejas parecem ter desaparecido, e muitas se encontravam em ruínas, mas seus sítios continuaram a ser local de devoção aos antepassados, mesmo que não houvesse

---

79 Thornton, John K: The origins and early History of the Kingdom of Kongo, p. 114.
80 Frei Rafael Castello de Vide. Viagem e missão no Congo, p. 120. Correa, Arlindo. *Informação o reino do Congo por Raimundo Dicomano*, p 3.

insígnias que determinasse aquele espaço como local de culto cristão, fato que chamou atenção dos missionários.

A vinculação do cristianismo ao culto aos mortos foi vista pelos principais autores como uma relação intrínseca. Debatemos no primeiro capítulo as interpretações que chamamos de histórico-cosmológicas de autores como Hilton e MacGaffey, fundadas em etnologias contemporâneas. Estes autores recuperaram cosmologias estruturais dividindo em esferas separadas o chamado culto aos mortos (antepassados) e as forças emanadas da natureza. Através dessa separação de esferas, identificaram na documentação que os ritos e insígnias do catolicismo seriam vinculados de maneira privilegiada à esfera dos mortos por um processo de tradução cultural.[81]

As fontes oferecem pistas para esta discussão no período da segunda metade do século XVIII. Frei Rafael descreve os rituais no dia de Finados no ano de 1782 na capital congolesa:

> No dia da comemoração dos defuntos, costuma esta gente mostrar uma grande piedade para com os mortos, porque em a noite antecedente, não se ouve mais que cantar o Rosário, por todas as Igrejas, que agora só se podem chamar cemitérios, aonde cada um tem os seus parentes enterrados; e isto toda a noite, e no dia seguinte, se ajunta imenso Povo à missa,

---

81 Hilton, por exemplo, vê diferentes fases da incorporação do catolicismo, sendo que na primeira, com D. João Nzinga a Kuwu, ele é identificado aos culto mbumba, depois é identificado a *nkadi mpemba* com a queima dos minkisi por D. Afonso e mais tarde passa a ser identificado com o culto aos antepassados, sendo a igreja chamada de mbila. Esta interpretação aparece também no trabalho de Marina de Mello e Souza sobre crucifixos congoleses: Central Africans crucifixes. A study of symbolic translations, p. 97-100.

e ofício dos defuntos, que eu cantei com os Mestres, ou Intérpretes, e discípulos, que o fazem, ainda que com suas imperfeições; porque é o primeiro empenho que têm em o aprender, depois a procissão, como se costuma etc. Neste dia trazem muitas esmolas à Igreja pelas almas, e a do Rei é mais avantajada, que constam dos seus legumes, e alguns frangos, e zimbro; que eu reparto pelos mestres, e pobres, e fica para nós alguma coisa para nossas necessidades.[82]

Primeiramente é interessante notar que o dia de Finados no calendário cristão parece ter sido data relevante para homenagens fúnebres, que são identificadas como cantos do rosário. Os espaços de culto eram as próprias igrejas "*que agora só se podem chamar cemitérios*". O padre e mestres de igreja (clero local) aparecem como importantes intermediários nesses rituais, recebendo parte dos "presentes" destinados aos mortos. Sobretudo mestres e intérpretes - que serão tema do capítulo seguinte – eram personagens centrais nesses cultos: "*Mestres, ou Intérpretes, e discípulos, que o fazem, ainda que com suas imperfeições; porque é o primeiro empenho que têm em o aprender(...)*" As "imperfeições" notadas na condução ritualística parecem dizer respeito às especificidades locais na condução ritual, não reconhecidas como maneira cristã de homenagear espíritos, que tinha significado ignorado pelo padre.

Apesar do primado do procedimento conguês, religiosos europeus tinham ação importante nestes ritos, ao menos entre membros das elites, como relatou Dicomano:

---

82 Frei Rafael Castello de Vide. Viagem e missão no Congo, p. 167-168.

> Resta-lhes ainda um outro vestígio de Religião que é sepultar os mortos nobres nas igrejas de S. Salvador (isto é, naqueles lugares onde antigamente estiveram as igrejas), mesmo que estejam longe, e que tenham de caminhar muitos dias. E não os levam senão quando lá está um Padre, e não têm inimigos pelo caminho; ou quando pelo menos podem juntar bastante gente armada para se defenderem, e por isso é que muitas vezes se sepultam defuntos, que já tinham morrido há oito, dez e mais anos. Quando morre um nobre, põem-no logo num compartimento, fazem-lhe muito fogo em volta e todos os dias de manhã e à tarde, o enfaixam com um pano, e o espremem pouco a pouco para fazer sair todas as humidades que tem, e em poucos dias fica seco, apenas com pele e ossos; então, põem-no numa caixa num canto da casa e cobrem-no de pedras; e conservam-no ali, até que o possam levar para ser sepultado na Cidade de S. Salvador.[83]

É interessante notarmos que, de acordo com ambos os excertos, os membros da elite enterravam seus familiares em locais bastante específicos, mesmo diante de dificuldades logísticas, não bastando fazê-lo em uma igreja qualquer. Portanto a importância do local transcende seu sentido sacro cristão.

Hilton defende que notáveis chefes congueses, principalmente reis, teriam construído suas próprias igrejas em homenagem aos seus santos padroeiros, que serviriam mais tarde

---

83 Correa, Arlindo. *Informação o reino do Congo por Raimundo Dicomano*, p. 5.

de túmulo para si e sua descendência: hipótese ambiciosa, porém coerente.[84] Thornton não foi tão além, contudo enfatiza a estratégia de vinculação das igrejas aos túmulos de antepassados como tática catequética dos padres, que incentivavam que as "relíquias" fossem mantidas próximas aos altares e imagens, atraindo assim muitos fiéis, que passariam a necessitar do intermédio clerical. Desta forma, Mbanza Congo teria tornado-se, ela própria, "relíquia" dos grandes reis, referenciados pela descendência.

Retornemos à segunda metade do século XVIII através do precioso relato de Dicomano, nosso interlocutor privilegiado para temas funéreos:

> Quando chegam com o morto ao Congo, levam-no para uma praça muito grande que fica diante da Catedral; fazem ali muita festa entre os parentes e a gente que o vieram acompanhar; saltam, dançam, cantam canções segundo o seu costume, bebem naquele dia muito vinho de palma ou garapa [bebida alcoólica fermentada feita de milho e mandioca], e quando estão esgotados de cansaço, vão chamar o Padre para lhe fazer as exéquias, e acompanhá-lo ao lugar onde o querem sepultar e assim embriagados voltam para suas casas. Muitas vezes quando o morto está no buraco, antes de deitar terra, deitam-lhe por cima do corpo vinho de palma; mas nunca soube a razão, se o faziam por superstição ou se o faziam para embriagar o morto depois de

---

84 Hilton, Anne. The Kingdom of Kongo, p. 51-67.

estarem eles embriagados, e nestas ocasiões acaba sempre por haver alguma desordem.⁸⁵

Notamos que o ritual era dividido em duas partes. Na primeira, sem presença necessária do padre, realizavam-se danças, touques e oferendas ao morto (e certamente outros antepassados) na praça central de S. Salvador, sede da batalha na qual Afonso I se consagrou em 1509, onde se encontra o monumento simbolizando este evento: escudo de armas do Congo. Este, como vimos, era um local de referência direta ao grande soberano fundador, sobretudo para Infantes (Muana Congo). Na segunda etapa do ritual, a presença do religioso europeu tornava-se essencial *"para lhe fazer as exéquias"* e sepultá-lo a maneira católica junto aos ilustres antepassados de sua *kanda*, em uma igreja específica.⁸⁶

A importância das ruínas de igrejas, associada aos mortos, se evidenciam nos relatos de Rafael sobre a retomada de S. Salvador por D. José I e os Quinlaza:

> Entrámos na dita Corte(...) eu e o P.e Dr. nos encaminhámos logo à Santa Sé, que ainda que caída por terra, quisemos antes ir adorar aquelas santas paredes. O Rei nos seguiu, e um numeroso exército, que ainda ali se achava na Sé. Cantámos alguns louvores de Deus(...)⁸⁷

---

85 Correa, Arlindo. Informação o reino do Congo por Raimundo Dicomano (...), p. 5-6.
86 Correa, Arlindo. Informação o reino do Congo por Raimundo Dicomano (...), p. 7.
87 Frei Rafael Castello de Vide. Viagem e missão no Congo, p. 120.

Vemos, portanto, que S. Salvador comportava um conjunto de referenciais aos ancestrais comuns à muana Congo (principal deles era D. Afonso I) e específicos de cada *kanda* ligada à realeza. A presença do missionário e o catolicismo eram importantes ferramentas (dentre outras) para a ritualização do elo entre os viventes e os ancestrais.

O Mani Congo, legítimo governador da capital, se beneficiava com o enterro de mortos dos altos escalões da sociedade nos santuários desta mbanza. Para realizá-lo, seus parentes deveriam reverenciar e remunerar o rei. Frei Rafael nos informa sobre a atuação dos padres como intermediários entre os interesses reais e da muana Congo dos interiores, logrando que até mesmo grandes rivais (como infantes de Quibangu no período de reinado quinlaza) se subjulgassem ao soberano para que pudessem enterrar parentes na capital.[88]

Mesmo sem prerrogativa da cobrança de impostos sobre províncias (como Quibangu) o rei tinha no controle sobre os padres e o solo sagrado da capital uma forma de taxar e submeter chefes, supostamente autônomos.[89]

---

88 Frei Rafael Castello de Vide. Viagem e missão no Congo, p. 215.
89 Correa, Arlindo. Informação o reino do Congo por Raimundo Dicomano (...), p10.

Cavaleiros da Ordem de Cristo e a legitimidade do Mani Congo

Outra instrumental importante para a legitimação do poder do rei do Congo no período era a nomeação de Cavaleiros da Ordem de Cristo. Referências a este título aparecem com frequência na documentação missionária, uma vez que a atribuição deste foi funções corrente dos padres europeus no Congo durante o século XVIII. A nomeação era prerrogativa exclusiva do rei, e a presença de um missionário era imprescindível. Ambos juntamente vestiam o Cavaleiro com o traje que apresentava uma grande cruz bordada no peitoral. Tal insígnia proporcionava status diferenciado aquele que o portava. Frei Rafael afirmou que tal prática era *"um antigo costume deste Reino"*[90] a qual testemunhou na década de 1780:

> No meu ministério de Vigário Geral, armei de Cavaleiro, e professo na Ordem de Cristo, segundo o seu costume, a dois Fidalgos, e ao nosso condutor, que tinha vindo de Angola, a quem o Rei fez a mercê de fazer Cavaleiros, cuja acção se fez na presença do Rei, com grande aparato, segundo pede a terra, e é costume dos Vigários Gerais lhe lançar o Hábito, e tomar o juramento, e ao nosso condutor, além de outras dádivas, fez o Rei a tal mercê por ser a maior honra, que aqui se faz só aos grandes Fidalgos, pelos grandes serviços, que havia feito de nos conduzir ao Congo; e estas três mercês primeiras as fez o Rei de graça,

---

90 Frei Rafael Castello de Vide. Viagem e missão no Congo, p. 220.

quando é aclamado e as mais para diante custam muito bem aos que as querem".[91]

Essa prática teve gênese na tradição cavalheiresca da Europa medieval. A "Ordem Militar de nosso Senhor Jesus Cristo" existia como instituição ligada ao Papado, ativa principalmente nas monarquias ibéricas. Ela foi instituída no ano de 1319 por uma bula do papa João XXII, atendendo a demanda dos reis de Portugal e Castela que reivindicavam uma instituição que substituísse a ordem dos Templários, extinta pelo papado de Clemente V, a pedido da Coroa francesa, ameaçada pelo poder "paralelo" destes paladinos. Ao contrário do caso francês, para as Coroas ibéricas, armar cavaleiros constituía uma prática importante para os reis católicos que transmitiam este louvor divino. Inicialmente, o poder de concessão desta cobiçadíssima condecoração era restrito aos reis e aos infantes (em sua acepção europeia). Com a expansão marítima portuguesa a ordem de Cristo também se ampliou, tornando os capitães-mores de expedições portuguesas "mestres da Ordem de Cristo", que ganharam também a faculdade de fazer novos cavaleiros no "Novo Mundo", assim como os templários nas cruzadas de outrora.[92]

No início do século XVII, os reis do Congo mantiveram a política de apropriação (e ressignificação) de instituições originalmente cristãs europeias, esforço iniciado por D. Afonso I

---

91 Frei Rafael Castello de Vide. Viagem e missão no Congo, p. 103-104.
92 Coelho, Maria Helena da Cruz. O Fim da Idade Média. in Tengarrinha, José (org) *História de Portugal*. São Paulo, Edunesp. 2001 p 49-65. E Pereira, Esteves e Rodrigues, Guilherme *Dicionário Histórico, Corográfico, Heráldico, Biográfico, Bibliográfico, Numismático e Artístico*, vol. I-VII, Lisboa, 1904-1915. Disponível online em http://www.arqnet.pt/dicionario/index.html (verbete: Ordem de nosso senhor Jesus Cristo).

e empreendido com muito empenho por D. Alvaro I (1568-1587). A incorporação da instituição da Ordem de Cristo no Congo se deu nesse contexto, no reinado de Alvaro II, que se apropriou do direito de nomeação de cavaleiros por iniciativa própria, sem ter recebido anuência formal das Coroas ibéricas: suas legítimas transmissoras.[93]

Cecile Fromont, estudiosa de fontes materiais, chama atenção para a constante importação de materiais católicos europeus pelos reis do Congo, vindos de Roma através dos capuchinhos durante o século XVII. Dentre eles, segundo a autora, foi constante a presença de medalhões da Ordem de Cristo, que circulavam entre as elites do Congo independentemente da Coroa Portuguesa.[94]

Voltemos à discussão das práticas de nomeação de cavaleiros pelo rei do Congo no século XVIII, através da rica descrição de Frei Raimundo Dicomano:

> No Congo há uma Ordem Militar dos Cavaleiros de Cristo, que lhes foi concedida pelo Rei de Portugal. O Rei do Congo não pode criar um Cavaleiro, nem este tomar a Cruz, sem que um Padre lha ponha; estes Cavaleiros não têm Comendas, e consiste apenas em serem considerados Nobres e terem o privilégio de poder pôr muitas cruzes feitas de retalhos de pano de diversas cores no capote ou no pano de palha com que geralmente se cobrem, mas eles ampliam este privilégio e põem destas cruzes no chapéu

---

93 Heywood, Linda e Thornton J. K. *Central African Creoles and The Foundation of the Americas*, p. 135-143

94 Fomont, Cecile A. *Under the Signe of the Cross*, p. 89.

de sol, nas portas das casas, e o Rei põe-nas também na cadeira em que se senta, e senta-se por cima delas sem vergonha; as mulheres destes Cavaleiros fazem o mesmo que os homens, pondo muitas cruzes nos seus panos.[95]

O poder de nomeação dos cavaleiros era restrito ao rei na presença de um padre. Esta regalia consistia no usufruto da insígnia da cruz, e também na multiplicação desse símbolo para diversos outros contextos, extensíveis para às esposas, que bordavam cruzes em seus panos, como símbolo de diferenciação social. Além de tornar-se égide para fachadas de casas: visíveis a quem circulasse pela mbanza.

Pelas fontes que dispomos, não é possível determinar se a insígnia da cruz da Ordem de Cristo poderia ser também um elemento com sentidos religiosos, de proteção às pessoas e suas moradas. É possível que sim, uma vez que a ritualização da concessão desse título passava pelas mãos de um padre europeu, considerado um *nganga* poderoso e intermediário do culto aos antepassados. Além disso, as esferas política e religiosa são dificilmente passíveis de distinção. Mas para além de especulação do poder religioso dessa insígnia parece-nos evidente o papel desta cruz como elemento de distinção social e oferecendo privilégios econômicos, como relata Raimundo:

> Outro delito é pisar com os pés a cruz dos Cavaleiros. Estes ladrões, que não pensam noutra coisa senão em roubar, têm o costume de fazer na terra uma cruz na estrada, especialmente

---

95 Correa, Arlindo. Informação o reino do Congo por Raimundo Dicomano (...), p. 5.

nos portos onde se passam os rios, nas feiras, nos mercados e nas banzas, de modo a que, passando um forasteiro que não sabe onde está a cruz, lhe põe um pé em cima, logo o atam e o vendem se, ele não tem com que pagar o seu próprio custo. Eu incorri neste delito, porque saltando da barca para terra, não sabendo nada da cruz, pus-lhe um pé em cima e vieram logo a pedir que pagasse; mas o barqueiro defendeu-me dizendo que o Padre não paga mucanos [multa por delito cometido], e eles acalmaram-se; mas penso que se acalmaram porque eu tinha muita gente comigo e eles eram poucos, e eu já tinha pegado num bom bastão nas mãos para lhes pagar.[96]

Neste caso, observamos como o privilegio de reproduzir a insígnia da cruz é expandido ao limite, podendo ser desenhada no chão em locais específicos de passagem de "forasteiros", artifício para a cobrança de tributos. É provável que existisse um sistema mais complexo de cobrança de benefícios na esfera local, para além destas notícias. Em todo o caso, a tensão relatada demonstra o alcance do poder local gozado pelo cavaleiro. O próprio padre por pouco não foi obrigado a pagar mucanos, por ter pisado na cruz, uma vez que sua cruz tinha menor validade do que aquela reproduzida pelo conguês.

Além dos cavaleiros designados, o Mani Congo, como transmissor da regalia, igualmente detinha o privilégio de portar insígnias com a marca da cruz. Dicomano se espantou ao

---

96 Correa, Arlindo. *Informação o reino do Congo por Raimundo Dicomano* (...), p. 13.

constatar a diversidade de usos deste emblema:: "(...) e o Rei põe-nas também na cadeira em que se senta, e senta-se por cima delas sem vergonha".
A cadeira do soberano na África central é um importantíssimo objeto de poder, representativo da realeza. Sentar-se sobre a cruz, ao contrário do que previa a moral cristã do padre, significaria nela um elemento de sustentação de seu poder: sinal de grande respeito e importância. Como símbolo do próprio poder real do Congo do período, a cruz exprimia a conexão de um conguês com seu Mani Congo e a tradição da realeza cristã.

Além disso, a concessão do título de Cavaleiros de Cristo era uma das principais fontes para as receitas do rei e dos conselheiros, para a qual eram cobrados muitos "presentes": cabras, galinhas, tecidos e conchas zimbo.[97]

Além de fundamental para as finanças reais, a concessão desse título poderia ser um importante instrumento de manutenção da estabilidade política, apaziguando conflitos com partidos rivais. Durante os governos de D. José I, D. Afonso V e D. Antônio II muitos opositores foram condecorados. Frei Rafael destacou a grande importância das nomeações de nobre "de outras parcialidades" em detrimento de aliados.

Vale lembrar o episódio da contenda entre os padres e o mercador Bua Lau ("o cachorro doido") durante o governo de D. Antônio II, que narramos no capítulo precedente. Os padres apenas adquiriram apoio do Mani Congo e dos conselheiros após a ameaça de paralização na nomeação de cavaleiros de quinlaza, rivais do recém-empossado rei.[98] O que demonstra

---

97   Correa, Arlindo. Informação o reino do Congo por Raimundo Dicomano (...), p. 9.
98   Frei Rafael Castello de Vide. Viagem e missão no Congo, p. 148.

que esta nomeação era móbil fundamental para o funcionamento do sistema de poder no Congo pós-restauração.

Missionários e o Mani Congo: negociação, conflito e dependência.

No capítulo anterior problematizamos a intencionalidade das missões católicas no reino do Congo na segunda metade do século XVIII, patrocinadas pelo império português através da rainha de Portugal D. Maria I e autoridades militares e eclesiásticas em Luanda. Através do relatório de Frei Rafael de Vide notamos que *"restabelecer a Cristandade"* e *"renovar a antiga amizade, que sempre houve entre o Congo e Portugal, e os Reis de um e outro Reino"*[99] eram intenções relacionadas e fundadas em interesses comerciais portugueses.

Uma análise superficial das fontes, pelo prisma da missionação e expansão comercial europeia, poderia fazer-nos concluir que o trabalho missionário era essencialmente autônomo dos poderes locais. Este viés é insuficiente, pois como temos visto ao longo deste trabalho, o catolicismo foi ator importante nos processos históricos congueses no que tange as relações de poder, acessíveis apenas por uma perspectiva historiográfica que seja endógena. Visto isso, é fundamental que tracemos um panorama profundo da relação entre os missionários e os reis do Congo através das situações de conflito descritas nas fontes. Entendemos que situações de discrepância entre visões europeias e conguesas do catolicismo são objetos privilegiados destes sentidos específicos locais.

---

99 Frei Rafael Castello de vide. Viagem e missão no Congo, p. 4.

A autonomia dos missionários em circular pelos interiores (sua prerrogativa junto à Igreja romana) se confrontava com a vontade exclusivista do Mani Congo D. José I, que desejava restringi-los à capital e territórios aliados. Os subterfúgios narrativos deste jugo real aparecem no texto de Frei Rafael:

> Eu, vendo que não havia já tanta necessidade de ali [S. Salvador] estarem dois padres, quis tornar ao ducado de Bamba a fazer missão, por temos ali passado com tanta mais pressa. Mas os irmãos do Rei não quiseram, porque nos guardavam, mais do que moça donzela se guarda no Reino [de Portugal]; e tinham medo que nos furtassem porque todos nos queriam; mas isso não foi o que me embaraçou, mas sim o meu companheiro, que chorando me disse, se sentia eu na minha consciência o devia deixar só, estando ele, como estava sempre com moléstias, o que me enterneceu, e deixei para adiante a missão de Bamba.[100]

Narrativas como esta tem presença constante nas fontes do período, o que nos faz questionar interesses em jogo nas missões. Vimos que estando em Mbanza Congo, os missionários serviam ao rei pois sepultavam mortos e coroavam cavaleiros. A expansão da cristandade (em terras não aliadas) não parece ter sido apreciável pelos soberanos.

Elikia M´Bokolo defende a existência de dois "catolicismos" (provavelmente com base em Hilton): das elites e popular. Neste caso percebemos que esses dois "catolicismos"

---

100 Frei Rafael Castello de vide. Viagem e missão no Congo, p. 43.

não são apenas distintos, mas poderiam apresentar incompatibilidades no período final do século XVIII, uma vez que a expansão do catolicismo para camadas populares parecia interessar pouco ao Mani Congo frente aos privilégios políticos e financeiros que os ritos católicos conferiam a seu poder.[101]

As missões para o interior do Congo, assim como o trabalho na corte, dependiam de uma estrutura eclesiástica local: mestres de igreja, intérpretes, escravos da igreja e carregadores, como atores essenciais para as práticas ritualísticas cotidianas. Desta forma, os conflitos entre visões de mundo e intencionalidades de católicos africanos e católicos europeus aparecem nas constantes negociações e conflitos cotidianos. Debateremos com mais vagar esses fascinantes personagens congueses no capítulo seguinte. Neste momento eles nos parecem importantes como intermediários nas situações de conflito entre o missionário e o Mani Congo.

São constantes no relatório de Frei Rafael momentos de temor ou reprovação dos mestres, intérpretes e escravos da igreja nos momento nos quais o padre decide adentrar certas províncias, em geral nas localidades nas quais o Mani Congo reprovava a missão.[102]

A situação na qual o conflito entre a vontade do Mani Congo e de Frei Rafael ficou mais evidente ocorreu nos primeiros meses de 1787, período da viagem da embaixada portuguesa para Mbanza Congo, referido anteriormente. Por isso, faz-se importante recapitularmos este contexto para debatermos os limites da liberdade clerical junto ao Mani Congo.

---

101 Hilton, Anne. *Kingdom of Kongo*, p. 28. M'Bokolo, Elikia. *África Negra*, p. 423
102 Exemplos em Frei Rafael Castello de Vide. *Viagem e missão no Congo*, p. 252-253 e 291.

A tentativa de negociação, intermediada por Frei Rafael, e trouxe ao rei D. Afonso V dois novos missionários. Em troca foi oferecida aos mercadores lusos uma pequena fatia do trato que passava por S. Salvador, comandado por agentes mobire. Os planos portugueses foram frustrados. Como consequência da morte do rei em 1786, os "brancos" e ambundos ainda presentes em S. Salvador foram perseguidos e Rafael, seguido da comitiva de missão (carregadores, mestres e interpretes).[103]

Impossibilitado de fazer o caminho costumeiro até Luanda, passando por Micondo e Mbamba (terras quinlaza), Frei Rafael segue um novo caminho, guiado por um infante de Quimpanzo. Quando estava em Quende com a comitiva, o padre recebeu uma carta dos "da corte", provavelmente dos membros do conselho, uma vez que novo Mani Congo não havia sido eleito. A correspondência exigia o retorno de todo o cortejo à S. Salvador. Ocorreu então um impasse: Frei Rafael opta por contrariar o comando e seguir viagem com os angolanos, rumo à Luanda. Os agentes congueses, que trabalhavam na missão decidiram abandoná-lo em cumprimento às demandas superiores "(…)*por medo de algum insulto, que receavam* (…)".[104]

Tudo indica que tinha a intenção de abandonar a missão no Congo definitivamente. O momento da morte de Afonso V e de impasse quanto à sucessão, assim como a presença de uma comitiva de lusitanos no Congo, deveria ser ocasião apropriada para que Frei Rafael perpetrasse uma "fuga".

---

103 Outros exemplos de impedimentos do Mani Congo quanto à missão: Frei Rafael Castello de Vide. *Viagem e missão no Congo*, p. 252-253 e 291.
104 Frei Rafael Castello de vide. *Viagem e missão no Congo*, p. 265-266.

Ao adentrar Luanda, o frei exprimiu, através de argumentos, ao bispo sua vontade de não regressar ao Congo:

> Mas, como quando os despachei, me achava bem doente, dando disto parte ao Ex.mo Senhor General, com o Ex.mo Senhor Bispo, estes Senhores compadecidos me mandaram ali gente do Libongo para me levarem para Luanda, no caso que a minha doença continuasse; além disso, tendo eu escrito ao Ex.mo Senhor Bispo o desgosto com que já vivia neste Reino [do Congo], não só pelas minhas moléstias, mas por me parecer não aproveitava nada, e que desejava recolher-me, mas por não me enganar a carne, e sangue, queria que Sua Ex.ª me mandasse por obediência, ou pela mesma que ficasse [em Luanda], pois não desejo obrar nada se não debaixo deste santo jugo, o Ex.mo Senhor como tão piedoso Prelado, não me negava o despacho da minha súplica, e como Pastor tão vigilante deste vasto rebanho, fazendo de mim súbdito um conceito mais do que eu mereço, me propunha grandes motivos de utilidade da minha assistência na guarda destas suas ovelhas, no caso de ter alguma saúde, e como Deus então mandava, encolhi os ombros, firmando-me não no que me louvava, mas no báculo da obediência, e me pareceu tornar para o Congo.[105]

O intento de Pe. Rafael foi barrado pelas autoridades de Angola e ele foi enviado de volta ao Congo. Não se sabe quais

---

105 Frei Rafael Castello de Vide. *Viagem e missão no Congo*, p. 274.

foram os argumentos do prelado para fazer com que o padre retornasse, sabemos, porém que dez anos mais tarde o missionário viria a se tornar bispo de São Tomé.[106] Vale notar que essa tentativa de saída do reino marcou a transição para um relacionamento conflituoso do religioso com as elites reais (Mani Congo e conselheiros). A partir de sua volta ao Congo em 1787 os fatos narrados em S. Salvador são majoritariamente de embates entre o missionário e o novo Mani Congo Antônio II.[107] Esta cadeia de eventos reforça a ideia que o missionário estava sujeito ao poder e interesses do rei do Congo e dos conselheiros e demonstra a incompatibilidade entre a vontade de trabalharem autonomamente como agentes da igreja europeia e as suas reais obrigações dentro do sistema político conguês; contradição que gerou contínuos embates.

Após a frustrada tentativa de fuga e o retorno ao cargo de vigário geral, Frei Rafael continuou no empenho de negociar seu livramento, para a qual teve o pedido negado duas vezes pelos conselheiros congoleses, até receber autorização diante de misteriosos eventos em 1788.[108]

Examinando um conjunto de correspondências entre os missionários do Congo e o então governador de Angola e Barão de Mossâmedes notamos latente tensão quanto esta questão. Mossâmedes escreve ao missionário informando-o que uma nau vinda das Índias que aportaria no Congo para que fosse resolvido o impasse. Acreditamos que a carga transportada pela mesma, de

---

106 Frei Rafael Castello de Vide. *Viagem e missão no Congo*, p. 88-89.
107 Frei Rafael Castello de Vide. *Viagem e missão no Congo*, p. 294-306.
108 Frei Rafael Castello de Vide. *Viagem e missão no Congo*, p. 300-306.

grande interesse do Mani Congo, teria influência sobre a aceitação do egresso de Rafael: uma espécie de "resgate".[109] Sobre este mérito, frei Dicomano notou que o papel atribuído a ele dentro do sistema político congolês não condizia com as funções de seu ofício sacerdotal, uma vez que era compreendido pelo Mani Congo e as elites como um agente de seus interesses particulares, como relatou ao Governador de Angola no ano de 1798:

> Se a gente do Congo, Ex.mo Senhor, pede Missionários, não é propriamente porque desejem e queiram ser Católicos, mas pedem-nos apenas por um vil interesse. Porque, tendo um Missionário, sepultam-se os mortos, fazem-se Ofícios, armam-se Cavaleiros; e por estas funções eclesiásticas, ganha o Rei, os Conselheiros de Estado, o Príncipe, ou seja Rei de fora, os Mestres, porque estes querem ser pagos.
> (…)Estas ridículas utilidades são o motivo por que pedem Missionários, e por que não os deixam partir quando lá estão. E, se estão doentes, ou não podem já trabalhar, estando esgotados, e querem regressar para Luanda, não podem fazê-lo sem antes os cativarem com presentes, algum Senhor poderoso que o ajude e o acompanhe, ou então, que o Ex.mo Senhor Governador de Luanda o mande resgatar com muitos presentes, e esta é a razão por que muitos ali morrem abandonados.[110]

---

109 AHNA A-17-5 Oficios para Angola, fol. 67v. Barão de Mossamades para Fr. Rafael Castelo de Vide, Agosto de 1787.

110 Correa, Arlindo. Informação o reino do Congo por Raimundo Dicomano (…), p. 7.

Quando quis partir do Congo, Dicomano também enfrentou dificuldades. Observamos o papel determinante de Mani Vunda, após ter recebido grande quantidade de aguardente, na libertação do padre do julgo do Mani Congo, que não parecia se importar com os preceitos romanos ou das ordens eclesiais: "*Assim aconteceu quando se tratou da questão do meu resgate. O Rei com todos os outros não queria dar-me licença para partir (...)*".[111]

Segundo o dicionário de Raphael Bluteau de 1728 o termo "resgate" no período possuía duas acepções ao tratar de pessoas: para a libertação de prisioneiros ou "*preço, a somma de dinheyro, que se dá para o resgate de hum escravo*", neste caso tendo como sinônimo: "*alforria*".[112]

Os paralelos entre o status clerical com o de escravos do Mani Congo não são incomuns. Observemos outras duas novas conjunturas nas quais missionários denunciaram receber tal tratamento. Frei Rafael relata fatos ocorridos em 1786:

> Pela morte deste Rei Dom Afonso, cresceram os trabalhos, porque a sua parenteira que correu logo das suas terras, além de afligirem os moradores da Corte, e roubarem com grande ira, queimarem todos os muros e casas do Rei, depois de o enterrarem, até a nós nos afligirem, até quererem queimar as casas dos escravos da Igreja, e roubarem-nos e dizerem que haviam de levar os Padres para as suas terras, porque eram seus, porque os Reis seus parentes nos tinham mandado chamar, dando muitas dádivas;

---

111 Correa, Arlindo. Informação o reino do Congo por Raimundo Dicomano (...), p. 10.
112 Vocábulo "resgate". Raphael Bluteau. *Vocabulario Portuguez & Latino*. 1729. Versão virtual disponível em: http://www.brasiliana.usp.br/

mentiras deles, e por bons modos éramos comprados seus escravos; mas os Infantes destas partes nos têm mandado dar satisfação, e pediram perdão; porque aquelas palavras, que ouvíamos, eles não as disseram, mas alguns moços doidos etc.[113]

Novamente, Frei Raimundo Dicomano fez observação semelhante sobre a apreciação de Mani Vunda sobre a atitude de D. Alvaro XI Necanga a Canga em 1798:

> Quando se ouviu a voz do Marquês que, saindo de um buraco daquela parede de palha, dizia que eu não era escravo, e que estando doente podia partir quando quisesse, e que era uma vergonha para a nação Congolesa dizer que um Sacerdote era escravo, sem poder voltar a Luanda quando queria, então acalmaram-se e o Rei concedeu-me a licença.[114]

Na descrição de Rafael observamos o interessante argumento dos parentes de D. Afonso V, ao afirmar que o padre seria propriedade dos quinlaza de Mucondo, uma vez que em troca dele despenderam onerosos pagamentos para as autoridades de Luanda. Na mesma perspectiva podemos identificar a cobrança de "presentes" por eminentes governantes congueses em troca da liberação dos missionários.

Ora, esta se assemelha a uma relação comercial, semelhante a dependência de natureza escravista à qual eram submetidos

---

113 Frei Rafael Castello de Vide. Viagem e missão no Congo., p. 260.
114 Correa, Arlindo. Informação o reino do Congo por Raimundo Dicomano (…), p. 10.

cativos. Pode ser que seja ousado afirmar que os missionários eram "escravos" dos Mani Congos em décadas finais do século XVIII. Mas acreditamos ser seguro que a relação de dependência à qual os missionários estavam submetidos tinha uma essência particular dentro dos jogos de poder das elites centro-africanas e pouco tinha relação com seu status europeu. Evidentemente, sua situação não era comparável a de escravos destinados aos europeus na costa. Antes disso, era semelhante a um "escravismo" africano, que enquadrava estrangeiros sem vínculos de parentesco, tampouco de ancestralidade, que ao ser integrado à coletividade tornava-se tutelado de núcleos sociais ou instituições, não significando necessariamente subalternidade social.

É pertinente relembrarmos da interpretação defendida pela historiografia pioneira (anterior aos anos 1980) sobre o reino do Congo e o papel dos missionários e da Igreja no desenrolar da história. Aquele que apresentou visão mais contundente foi Balandier, defendendo que missionários desde o século XVI exerciam ação protocolonial a serviço dos portugueses. Para ele, o fato das autoridades conguesas terem aceitado e incentivado esta presença representaria uma vitória da conquista imperial lusa, que por via da igreja teria desestabilizado politicamente o Congo.[115]

Esta interpretação foi criticada primeiramente por Vansina e posteriormente foi minuciosamente problematizada em trabalhos de Thornton, que ofereceram novas interpretações para as

---

115 Balandier, G. *Daily life in the Kingdosm of Kongo*. Meridian books. NY, 1969

relações entre Portugal e Congo nos séculos XVI e XVII.[116] Não nos cabe aqui estender o diálogo com Balandier, por se tratar de interpretação ultrapassada. Devemos, porém, destacar que as evidências desveladas por este trabalho sobre esta relação no Congo pós-restauração nos coloca em posição diametralmente oposta. A sujeição dos padres ao Mani Congo num sistema de dependência africano demonstra a primordial gerência congolesa sobre as práticas católicas, frente a uma visão europeia de catolicismo e aos interesses lusos. A presença missionária em décadas finais do século XVIII, ao contrário do que sugeriu Balandier, foi alicerce importante do poder do rei do Congo, mesmo que de natureza essencialmente simbólica.

Pode-se, portanto afirmar, que os elementos católicos: (insígnias, sacramentos, deidades, missionários, entre outros) possuíam significados particulares e constituíam-se como base de sustentação para o exercício do poder político do Mani Congo e das elites políticas ligadas a ele, com destaque a chamada muana Congo. Nesse sentido, os significados de origem europeia tornaram-se secundários e constantemente submetidos à agência histórica conguesa. Por isso, não é possível compreender os complexos processos históricos no Congo setecentista e seu fluido sistema político a menos que se compreenda este "catolicismo" como um fenômeno particular e africano.

---

116 Vansina, J. Anthropologists and the Third Dimension. *Africa: Journal of the International African Institute*, Vol. 39, No. 1, (Jan., 1969), p. 62-68. Thornton, J K. Early Kongo Portuguese relations: a new interpretation. *History in Africa*. V 8. African Studies Association. 1981, p. 183-204.

Capítulo 4: Catolicismo e Poderes Locais

Como tentativa de estabelecer marcos cronológicos específicos para a história do reino do Congo, temos buscado ao longo deste trabalho identificar os períodos da sua história política, num exercício de observar o processo histórico desta sociedade longe dos parâmetros da história europeia. Desta forma, temos tratado o período como "pós-restauração", que tem como marco inicial a data de 1709 e a reocupação da capital por Nessambo a Mbandu (D. Pedro IV), que estabilizou politicamente o reino instalando o já citado e discutido sistema rotativo entre as *makanda* rivais quimpanzo e quinlaza.[1]

A nova ocupação da capital, agora governada por um *ntotela* (do verbo *tota* unir) também refunda a relação com as diferentes províncias. Como observamos na introdução desta dissertação, os principais autores (Vansina, Broadhead e Thornton)[2] ao tratarem deste período (em geral de maneira panorâmica), definiram-no como "imperial", tendo como base principalmente o relatório de Cherubino de Savona. Ao contrário do reino do Congo (do século XIV ao XVII), o "império" do Congo comportaria diferentes graus de dependência com diferentes

---

1 Thornton, John: *The Kongolese Saint Anthony. Dona Beatriz KimpaVita and the Antonian moviment*, p. 34.
2 M'Bokolo, Elkia. *África Negra: História e Civilizações*, p. 413-440. Vansina, Jan. *Kingdoms of the Savana.*. 1966. Broadhead, Susan H. *Trade and Politics on the Congo coast*. Thornton, John K. *Kingdom of Kongo. Civil war and Transition.*

províncias e em alguns casos uma dependência meramente simbólica ou cultural (porém não menos importante), enquanto em outros locais existiram vínculos bastante diretos.

Observamos no capítulo anterior o sistema de funcionamento do poder sediado em Mbanza Congo e a importância dos sacramentos e símbolos católicos para a práticas de poder no Congo e como elementos vinculados à identidade conguesa. Neste capítulo lançaremos olhar às províncias e aos poderes locais (em detrimento ao central). Seria ousado propor, através das fontes disponíveis, o exercício de mapear os graus de dependência das diferentes localidades à capital S. Salvador e dar uma resposta acabada para o funcionamento do sistema político que articulava S. Salvador às outras unidades políticas. Este complexo sistema de mútua dependência e autonomia, particular em cada província é descrita de forma fragmentária pelas fontes.

Mesmo diante da impossibilidade de oferecer respostas a essa importante questão, acreditamos ser possível desconstruir modelos simplificados e revelar este sistema político congolês do período pós-unificação como algo complexo, fluido e particular. Nosso objetivo será lançar luz sobre algumas das sub-unidades políticas do reino do Congo e sobre alguns dos importantes personagens das elites políticas locais, mantendo nosso foco na relação entre catolicismo e poder.

Vejamos novamente a conhecida introdução de Savona a seu relatório:

"O Reino do Congo, por melhor dizer Império, por que tem vários diferentes reinos e muitíssimas províncias, principados, ducados. Está na etiópia meridional e é quase todo católico".[3]

Um grande desafio para o historiador que se debruça sobre os textos da época é lidar com as diversas definições e diferenciações das localidades que compunham o reino do Congo. Na documentação aparecem as nomenclaturas: reinos, províncias, principados, marquesados, ducados. Essas categorias são essencialmente políticas e respondem ao desafio que os missionários encontravam em descrever a complexa organização política congolesa através de seu vocabulário, de forma que fosse inteligível ao seu leitor europeu. Entretanto, não se pode ignorar a agência local, que apropriou parte desta terminologia atendendo a interesses próprios, vinculadas aos diferentes títulos que gozavam os chefes locais, como: duques, marqueses e príncipes.

Savona apresentou uma divisão um tanto confusa, em quatro reinos e vinte e três províncias, descritas uma a uma. Os critérios pelos quais Savona diferencia as categorias "reino" e "província" são turvos, o que talvez seja reflexo de uma dificuldade do próprio missionário em compreender a organização territorial e política do Congo.[4] Através dos outros informantes, sobretudo frei Rafael, que viajou mais e descreveu com maior atenção os interiores, podemos indagar sobre tais diferenças.

Parece-nos que aquilo que foi descrito como "reino" por Savona foram territórios vinculados diretamente ao poder

---

3   Toso, Carlo. Relazioni inedite di P. Cherubino Cassinis da Savona sul Regno del Congo e sue Missioni, p. 207.

4   Toso, Carlo. Relazioni inedite di P. Cherubino Cassinis da Savona sul *Regno del Congo e sue Missioni,* p. 207-208.

central, ou seja, territórios que disputavam eleições reais, ativos como nos tempos anteriores às guerra civis (mesmo que S. Salvador tenha sido apresentado como um reino entre outros).

O termo "província", por sua vez, aparece de forma mais genérica, podendo significar subdivisões de um reino ou mesmo territórios fora dos reinos.[5] Para além disso, acreditamos ser arriscado tomarmos o esquema de Savona como referência para mapear politicamente o Congo no século XVIII. As lacunas e simplificações são muitas e a lógica que define a independência ou pertença ao Congo enigmática.

É importante afirmar que a diferenciação entre poder político "simbólico" e poder "de fato" do rei sobre as províncias não é algo passível de uma diferenciação simples ou esquemática. Havia localidades, como Soyo, que não sofriam sujeição direta de S. Salvador, mas nota-se que a instituição "reinado do Congo" continuava exercendo enorme importância simbólica para os habitantes de Soyo, assim como o seu soberano continuava influente na corte do Mani Congo. Por isso, não podemos ser iludidos pela observação estrita de vínculos formais.[6] Apesar disso, estabeleceremos uma diferenciação em dois níveis de pertença ao reino (ou império) do Congo.

Primeiramente, debateremos às províncias que participavam ativamente da disputa de poder em S. Salvador, que no período eram controladas por muana Congo quimpanzo ou quinlaza, que se não dominavam completamente os territórios, ao menos exerciam influências significativas. Eram estas:

---

5   Toso, Carlo. Relazioni inedite di P. Cherubino Cassinis da Savona *sul Regno del Congo e sue Missioni*, p. 207-214.

6   Frei Rafael Castello de vide. Viagem e missão no Congo, p. 295.

Mucondo, Mpemba, Mbamba, Oando, Quibango e Bula dia Lemba; elencadas em uma mesma categoria, porém comportando muitas especificidades.⁷

Num segundo nível, mais ausentes (ou completamente ausentes) das disputas de poder em S. Salvador estariam: Soyo, Nsundi, Ambuíla e Mossul. Defenderemos que, apesar de formalmente independentes, estas províncias ainda constituíam-se como parte do Congo a partir dos critérios de pertença política do período pós-restauração. As elites destas continuaram, em algum grau, a depender do Mani Congo e do sistema político sediado em S. Salvador para nomear seus infantes e cavaleiros de cristo; mantiveram suas referências identitárias (principalmente o refundador D. Afonso I), continuaram a enterrar seus mortos de alto prestígio na capital e utilizavam os elementos do catolicismo como ferramentas de ritualização cotidiana do poder.

Em um terceiro nível de pertença, estavam localidades absolutamente independentes, possuindo vínculo cultural e linguístico com o Congo. Em alguns casos identificando-se como provenientes do fundador Lukeni dia Nimi, outros reconheciam-se como herdeiros de D. Afonso I. Estas unidades mais aparentadas não serão abordadas diretamente.

As *makanda* de quimpanzo e quinlaza: principais grupos de poder no período, não eram fixas, tampouco territoriais. O trabalho de vincular províncias às *makanda* de forma rígida não pode ser feito. Porém, através da documentação da segunda metade do século XVIII podemos levantar hipóteses de como as *makanda* se distribuíam no governo das principais

---

7   Justificaremos a afirmação a diante através das fontes a seguir.

províncias, não significando abviamente que todos os habitantes da mesma fossem da mesma kanda.

Ao sul da corte (fazendo limite com o rio Ambriz) nas províncias de Mpemba e Mucondo ("terras da rainha") localizavam-se majoritariamente os quinlaza no período, hegemônicos no poder nos últimos trinta anos do século XVIII. Ao leste encontrava-se a tradicional província de Quibango (comumente chamada de monte Quibango), que aparece nos relatos de Frei Rafael como território dos principais rivais dos quinlaza, este era o mais importante entreposto dos quimpanzo e outros grupos associados a eles como os Agua Rosada. Ao norte (fazendo fronteira com as margens do rio Congo) encontra-se a extensa Mbula dia Lemba, província sobre a qual possuímos poucas informações no tocante a vinculação política, mas que será importante como um contraponto na relação com o cristianismo.

Mucondo e Mpemba: as terras da rainha

As terras da rainha eram compostas principalmente pela província de Mucondo e (mais tarde) Mpemba - Savona denominou a região como "reino de Mucondo".[8] Na realidade, os limites entre Mucondo e Mpemba são dificilmente reconhecíveis no período pós-restauração.

A capital Mucondobamba parecia ter sigo o governo central de ambas às províncias. Necanga a Canga, antes de tornar-se rei D. Afonso V, foi marquês de Mpemba, enquanto seu irmão D. José I reinava. Ambos, segundo frei Rafael, eram originários de Mucondo. O próprio D. Afonso V, enquanto soberano

---
8   Frei Rafael Castello de Vide. Viagem e missão no Congo, p. 83-85.

de Mpemba, parecia passar mais tempo em Mucondobamba (que parecia ser a capital administrativa das duas) do que em Mbanza Mpemba.[9]

Apesar desta união aparecer nos relatos de frei Rafael da década de 1780, Savona mostra que na década de 1760 Mpemba era governado pelos "Romano Leite", associados aos membros da elite dirigentes de Mbamba (e não Mucondo), uma vez que seu dirigente desta: D. Alvaro Agua Rosada Romano Leite era casado com D. Cristina, filha do Marquês de Mpemba.[10]

Os Agua Rosada foram uma tradicional família conguesa, originários do monte Quibango e com vínculo com os quimpanzo, aparentados ao o Mani Congo D. Pedro IV.[11] Por isso, comparando os contextos descritos por Savona e por Frei Rafael, (vinte anos depois) notamos que Mpemba da década de 1760 era controlado pelos quimpanzo e em algum momento até 1780 foi tomada pelos quinlaza.

Essa virada ocorreu provavelmente em decorrência do já citado golpe dos quinlaza sobre os quimpanzo em 1764, narrado por Savona. Neste, D. Alvaro XI Npemba a Sunga (quinlaza) foi nomeado à força no lugar de D. Pedro V (quimpanzo), que fugiu para Mbamba Luvota.[12] Os quinlaza de Mucondo, descendentes da rainha Ana, (família Leão), ao tomar o poder

---

9 Frei Rafael Castello de Vide. Viagem e missão no Congo, p. 83-86.

10 Toso, Carlo. Relazioni inedite di P. Cherubino Cassinis da Savona sul *Regno del Congo e sue Missioni*, p. 210.

11 Thornton, John K. Elite women in the kingdom of Kongo: Historical perspectives on women's political power, p. 458-459

12 Toso, Carlo. Relazioni inedite di P. Cherubino Cassinis da Savona sul Regno del Congo e sue Missioni, p. 207-208.

em S. Salvador, se apoderaram também de Mpemba: local estratégico entre Mucondo e a corte. Isso explicaria o fato de Mpemba ter sido incluído por Frei Rafael nas chamadas "terras da rainha", em referência à magnífica Mani Nlaza Dona Ana Afonso de Leão: peça fundamental no processo de restauração do reino, que infelizmente não assistiu.

Thornton apresenta a importante atuação da rainha Ana, não apenas na política local de Mucondo, mas em diversos territórios vizinhos como Mpemba, que parecia estar sob sua influência no início do século XVIII, ou seja já havia sido governada pelos kinlaza. Após a restauração Mpemba ficou sob julgo dos Agua Rosada (no período associados aos quimpanzo) até ser recuperada pelos quinlaza na década de 1760.[13] Este exemplo nos mostra a impossibilidade de vincularmos as *makanda* de maneira fixa a um território específico, pois a geografia do poder no Congo era constantemente redesenhada, de acordo com as disputas em curso.

Mucondo continuou a ser um território de tradição de poder feminino no período pós-restauração, como nos aponta Savona: *"No reino de Mucondo reina sempre uma rainha com seus Mani, que é cristã, com todos seus vassalos e se chama Dona Cristina de Quinlaza, é viúva.* (...)".[14] No período pós-restauração, o cargo de Mani Nlaza continou a ser prerrogativa feminina. A descrição do padre sugere que Dona Cristina não era apenas chefe de Mucondo, uma vez que governava "seus mani", provavelmente tinha autoridade mais abrangente de Mani Nlaza, ou seja, chefe de

---

13 Thornton: *The Kongolese Saint Anthony. Dona Beatriz Kimpa Vita and the Antonian moviment*, 1984-1706. Bridge press 1998, p. 97-121.

14 Toso, Carlo. Relazioni inedite di P. Cherubino Cassinis da Savona sul Regno del Congo e sue Missioni, p. 207-214.

toda a *kanda*. É admissível que esta tradição tenha sido fundada pela indelével rainha Ana e o cargo transmitido às mulheres de sua descendência.

Grão ducado de Mbamba

Seguindo das terras da rainha em direção ao sudoeste, passando pelo rio Ambriz encontramos Mbamba, a mais extensa província conguesa, porém com parca concentração populacional. Suas fronteiras eram claras: ao norte e sul demarcadas pelos caudalosos rios Ambriz e Loge. Mbamba era uma província costeira e a leste penetrava longamente para o interior até Oando. Devido a sua extensão e importância foi denominada pelas fontes de "grão ducado" de Mbamba, contendo por sua vez, algumas subdivisões internas chamadas de "marquesados".[15]

O enquadramento político de Mbamba era complexo, as fontes nos informam sobre ao menos duas localidades quimpanzo, chamadas Mbamba de Congo e Mbamba Luvota (ou Mbamba baixa). Desde o século XVII a região chamada grande Mbamba era dominada pelos Valle das Lagrimas, um ramo quinlaza ligados aos de Mucondo pela descendência da rainha Ana.[16]

Mbamba foi um território importantíssimo de passagem ao litoral durante todo o período pós-restauração: ligava as províncias do norte com: Mossul, Ambuíla e o porto de Ambriz (na foz do rio Loge) e obviamente Luanda. Era também enclave entre o litoral e as províncias e estados do interior, como Oando, Mbata, Sosso.

---

15 Toso, Carlo. Relazioni inedite di P. Cherubino Cassinis da Savona, p. 207-209.
16 Thornton: *The Kongolese Saint Anthony. Dona Beatriz Kimpa Vita and the Antonian moviment*, p. 201-205.

Sua localização, somado à instabilidade política interna, fazia das terras de Mbamba uma das mais ameaçadoras, sobretudo para não-congueses que circulavam pela rota Luanda/ Mbanza Congo, descrita como "terra de muitos ladrões".[17] Em ambas as narrativas: de Frei Rafael e de Raimundo Dicomano Mbamba ganha grande destaque negativo, pois os chefes de uma sub-região desta província (provavelmente Mbamba Luvota) aparecem como constantes saqueadores do material eclesiástico que era enviado pelo prelado de Luanda para os missionários em S. Salvador. Em certa ocasião, um infante cometeu a ousadia de roubar não apenas o material de culto (vinho, hóstias, velas, imagens de santo) como também os próprios *nlekes*, ocasião na qual os quinlaza de Mucondo (então no poder) atacaram a região para recuperar o material e resgatar os *nlekes*.[18]

Eventos comuns como este parecem ter sido reflexo da rivalidade política entre Mbamba Luvota e S. Salvador durante o período quinlaza, que envolvia também o catolicismo. A partir da sua consolidação no poder de D. José I e a conseguinte recepção dos missionários, os quimpanzo de Luvota (assim como os de Quibango) buscaram constantemente quebrar o monopólio dos quinlaza sobre os clérigos. Frei Dicomano relata situações nas quais os próprios missionários foram "sequestrados" nos caminhos de Mbamba:

---

17 Toso, Carlo. Relazioni inedite di P. Cherubino Cassinis da Savona sul Regno del Congo e sue Missioni, p. 207-214. Correa, Arlindo. Informação o reino do Congo por Raimundo Dicomano (...), p. 6-7. Frei Rafael Castello de vide. Viagem e missão no Congo, p. 261, 262.

18 Frei Rafael Castello de Vide. Viagem e missão no Congo, p. 141.

(...)os de Bamba, que estão no meio do percurso, manifestaram muitas vezes a intenção de não querer deixar passar os Missionários para o Congo, se antes se lhes não mandam Missionários, como de facto fizeram na última expedição, em que, chegados a Bamba, os retiveram ali por muitos meses, sem os deixar continuar viagem, e por causa disso adoeceram, e regressaram a Luanda, dois dos quais morreram, e outros dois embarcaram para Lisboa doentes.[19]

Mestres de igreja, secretários e interpretes da língua portuguesa eram numerosos na região, e parte de suas elites pareciam prezar muito a recepção de sacramento, porém o acesso aos padres e o aparato católico era restrito aos quinlaza, motivo pelo qual estes saqueavam comitivas nos caminhos.

Frei Rafael, depois de muita negociação com o rei, conseguiu autorização para missionar em Mbamba, ele destacou a grande "urbanidade" de alguns nobres e a pomposa recepção preparada aos padres em algumas mbanzas. Por outro lado, esta mesma Mbamba, foi a província na qual houve mais reclamações de maus-tratos.[20]

Vejamos dois exemplos contrastantes que ocorreram no mesmo ano de 1780, quando os missionários Rafael, frei Libório e André Godinho chegaram ao reino do Congo, vindos de Luanda. Nesta ocasião, passou pelo "marquesado de

---

19 Correa, Arlindo. Informação o reino do Congo por Raimundo Dicomano (...), p. 7.
20 Toso, Carlo. Relazioni inedite di P. Cherubino Cassinis da Savona sul Regno del Congo e sue Missioni, p. 207-214. Frei Rafael Castello de vide. Viagem e missão no Congo, p. 241-242.

Quindoque" (curiosamente um termo para designar "feiticeiros") ao norte do ducado Mbamba:

> (...)gente do seguinte Povo, do qual já nos vinham a esperar, vindo diante um Fidalgo, que morava perto da Corte, e só vinha a esperar-nos, e dava saltos de alegria de nos ver, e, sendo moço, se intitulava o Acólito da Igreja, este mandou a sua gente nos levasse sobre seus ombros, e nos deu a notícia que o Marquês de Quindoque, Senhor da vizinha Banza, nos vinha a esperar ao caminho. Chegou, e nos recebeu com grande contentamento, acompanhado de muita gente e instrumentos músicos, e os que vinham tocando se apartaram para uma parte do caminho, e a cada parte, quando passava algum Padre tocavam instrumentos, como no Reino se costuma às pessoas Reais, e passando o último Padre nos seguiram tocando até à Banza, que ficava ainda distante.[21]

Algumas poucas léguas ao norte, ainda no mesmo ducado, os missionários pernoitaram em uma Mbanza próxima às margens do Rio Ambriz na qual o tratamento foi absolutamente diferente:

> Com estes maus tratamentos, chegámos a um Povo pequeno, e por ser quase noite não pudemos passar adiante. Ali é indizível o que padecemos e cada um de nós referia o que havia passado no caminho. Neste povo nos meteram em

---

21 Frei Rafael Castello de Vide. Viagem e missão no Congo, p. 67.

uma pequena casa, aonde não achámos algum abrigo; molhados, tremendo de frio, e de fome, porque em todo o dia não havíamos comido, e foi preciso acender fogo, e pedir por caridade alguma tanga, porque o nosso fato todo estava molhado, e nem isto achámos, pelo que eu vendo um total desalinho, entrei por casa de um preto, e lhe tirei uma esteira e fogo para a nossa casa. Era noite fechada, a fraqueza muita, e tanta que nos obrigou a comer alguns ovos assados, que era o que mais pronto havia. A noite se passou com trabalho, porque as camas estavam molhadas, e os vestidos, ainda os mais interiores; isto com a indigesta comida (...)[22]

Essa significativa diversidade na relação com os missionários, o catolicismo e o poder centralizado era típica de Mbamba, que apesar de ter esta alcunha comum, não parecia mais ser, no período, uma unidade política, como outras províncias.

Quibango

Quibango foi um território de grande importância na história política conguesa. Como Mbamba, era um território bastante extenso e de posição geográfica estratégica. O centro político de Quibango encontrava-se em terras muito acidentadas; sua capital Mbanza Quibango localizava-se no topo de um grande monte, nascente de cinco grandes rios (dentre eles Ambriz) que desciam destes montes em diversas direções. Pela importância dos rios na religiosidade congolesa (e africana em

---

22 Frei Rafael Castello de Vide. Viagem e missão no Congo, p. 71-72.

geral), este morro era considerado como local privilegiado de comunicação com o mundo invisível. O mesmo ocorria em relação ao cristianismo, tendo sido no século XVII local privilegiado de residência dos padres capuchinhos, que ali construíram seu hospício, que posteriormente acabou por ser transferido para Ensuco. O antigo hospício, apesar da ausência de padres, manteve sua importância no período pós-restauração.[23]

As elites de Quibango cumpriram papel central no processo de reunificação do poder no Congo, uma vez que foi este o território de origem do rei D. Pedro IV Nessama a Mbandu, que antes de ter condições diplomáticas e militares de ocupar S. Salvador fez de Mbanza Quibango sua corte. No período de guerras e desorganização do poder, no qual S. Salvador encontrava-se abandonada, a capital de Quibango assumiu o papel de capital, por ser a cidade de (provável) maior importância simbólica para a identidade congolesa após a capital do reino.[24]

Esta província fora também o território de origem do movimento antoniano e de sua líder Beatriz Kimpa Vita. D. Beatriz adveio de setores das elites do território, tornou-se uma *nganga* muito poderosa, pois recebia em seu corpo o espírito de Santo Antônio. Encabeçou um movimento politico-religioso que visava a reunificação do Congo e pregava a prática de um cristianismo "original" conguês, sem interferência dos religiosos europeus, que insistiriam em professar as ideias erradas, incompatíveis com o verdadeiro catolicismo.

---

23 Thornton, John: *The Kongolese Saint Anthony. Dona Beatriz KimpaVita and the Antonian moviment*, p 36-58.
24 Correa, Arlindo. Informação o reino do Congo por Raimundo Dicomano (...), p. 7.

Os preceitos revelados por Santo Antônio através de Kimpa Vita, desmentiam a falsa versão do cristianismo dos padres europeus. Nele, Jesus, a Virgem e os santos eram todos negros e originários do Congo. A manutenção da espúria versão europeia seria a principal geradora dos malefícios sofridos pelo Congo no período de guerras civis.[25]

Notamos, portanto, uma convergência de significados especiais que Quibango possuía na unidade conguesa. Este mesmo papel aparece traduzido pelos padres a respeito da proximidade que a sua elite possuía com o catolicismo, constantemente considerada pelos padres como fiel e amante do cristianismo, segundo frei Rafael de Vide: "*Quibango, monte memorável pela sua eminência, pelas suas vitórias, e pela sua Cristandade, e por ser raiz de muitos Reis.*"[26]

Em outra oportunidade, descreveu:

> Neste monte de Quibango edificaram primeiro o seu Hospício os Padres Capuchinhos Italianos que ao depois um Rei, que ali morava, por causa de discórdias, que tinha havido neste Reino, recolhendo-se para a Corte levou consigo o Padre, que fundou então o Hospício de Ensuco por ficar mais perto da Corte, e do Superior Capuchinho, que morava também no Convento desta Corte, o que tudo hoje se acha destruído; mas a gente deste monte de Quibango conservou sempre a memória da sua Igreja antiga; e a boa Cristandade que aqueles

---

25 Thornton, John: *The Kongolese Saint Anthony. Dona Beatriz Kimpa Vita and the Antonian movement*, p 36-58.
26 Frei Rafael Castello de Vide. Viagem e missão no Congo, p. 286.

> Religiosos Padres eram costumados a ensinar, e ainda hoje aquela Banza de Quibango é uma como segunda Corte: tem havido ali grandes Príncipes, poderosos Senhores de muitas terras, e muitas Povoações de escravos; e os mesmos Infantes que moram por todos aqueles montes, e vales lhe são sujeitos, e uns são seus filhos, outros sobrinhos e netos; e nenhum se atreve a fazer coisa alguma contra ele, e é monte de paz por isto.[27]

Seus muana Congo era tradicionalmente muito ativa na política central do Congo desde o período do poder unificado. Por isso, as elites de Quibango, no século XVIII, tinham nesses antigos reis importantes ancestrais legitimadores políticos. Era um território de hegemonia quimpanzo e dos Agua Rosada, no período associada a esta kanda. Durante a segunda metade do século XVIII, período de hegemonia quinlaza em S. Salvador, Quibangu foi o mais importante ponto de oposição política. Por isso, Frei Rafael encontrou dificuldades em missionar nesta região, sempre sofrendo pesadas restrições de D. José I e D. Afonso V para sua viagem e estadia no território adversário.[28]

Estas disputas no campo político, e consequentemente no campo religioso, se traduzem na grande quantidade de cartas que este padre relatou ter recebido quibanguenses. Uma destas foi incluída pelo próprio padre em seu relatório ao bispo de Angola e por isso, que temos acesso. Discutiremos

---

27   Frei Rafael Castello de Vide. Viagem e missão no Congo, p. 207-208.
28   Frei Rafael Castello de Vide. Viagem e missão no Congo, p. 295.

este instigante documento à frente, quando tratarmos do letramento das elites e dos secretários congoleses.

Diante do que foi exposto, nota-se a importância de Quibango na composição política e identitária do Congo. As elites deste "principado" tinham sua legitimidade intimamente vinculada à tradição política conguesa e ritualizavam esta pertença cotidianamente através de elementos do catolicismo.

Mbula dia Lemba e Nsundi

As províncias de Mbula (ou Lemba) e de Nsundi localizavam-se ao norte de S. Salvador, às margens do rio Congo, que constituía a fronteira norte do reino, vizinhas dos independentes Ngoyo, Kakongo e Loango. Por conseguinte, notamos em seus territórios a constante presença vili no período: que transportavam escravos do interior aos mercadores franceses, ingleses e holandeses nos os portos de Mpinda (em Soyo), Cabinda (em Ngoyo), Malemba (em Kakongo) e Loango, sediando grande circulação de mercadores e escravizados.[29]

Algo que chamou também a atenção dos missionários a respeito e Mbula e Nsundi foi o pouco interesse dos moradores nas práticas católicas. Savona e Frei Rafael relatam que estes territórios eram dominados no âmbito religioso pelo "gentilismo" e práticas rituais tidas por eles como diabólicas. Estas conclusões não derivavam apenas da observação dos padres, mas principalmente de mestres e intérpretes originários de

---

29 Toso, Carlo. Relazioni inedite di P. Cherubino Cassinis da Savona sul Regno del Congo e sue Missioni, p. 208 e Frei Rafael Castello de vide. Viagem e missão no Congo, p. 144-145.

outras províncias, que manifestavam sua "repugnância" em circular por Mbula e Nsundi.[30]

O fato dos próprios congoleses, vindos de S. Salvador ou Mucondo, considerarem os habitantes de Mbula e Nsundi "feiticeiros" pode apontar para a proximidade religiosa destas províncias ao norte com os mobire, que eram igualmente temidos por seus poderes de ndoki.

Apesar de culturalmente aparentados ao Congo, os mobires, em geral não se interessavam tampouco professavam o catolicismo. Eram membros de um tipo específico de culto, semelhante às que no Congo eram chamadas aos kimpassi: comunidades rituais iniciáticas chamadas de Lemba. Como especialistas no trato de escravos, os vilis necessitavam de ritos específicos para neutralizar os possíveis malefícios causados pelo desequilíbrio que a venda de humanos poderia trazer. Por isso, além de especializados na atividade comercial deveriam também ser especialistas rituais destes cultos lemba, que visavam neutralizar os desequilíbrios.[31]

O envolvimento das elites de Nsundi e Bula com os mobires e com o tráfico pode tê-los aproximado religiosamente dos vizinhos do norte. Pois, como citado anteriormente, as sociedades Lemba além de rituais, cumpriam também papel regulador do comércio e das rotas, podendo também ser difundida para congoleses do norte ligados comercialmente aos vilis.[32] Parece evidente que Nsundi e Lemba não foram

---

30 Frei Rafael Castello de Vide. *Viagem e missão no Congo*, p. 145-149.
31 Thornton, John: *The Kongolese Saint Anthony. Dona Beatriz KimpaVita and the Antonian moviment*, p. 100-101.
32 Dias, Jill R. Novas identidades africanas em Angola no contexto do comércio atlântico, p. 318-326.

as únicas regiões tidas como "gentílicas" e que os mestres, companheiros de frei Rafael, temiam adentrar, o que também ocorria em geral em terras rivais (como Mbamba Luvota). Por isso, esta é uma tese um tanto especulativa.[33]

O grau de dependência ou de ligação destas províncias com S. Salvador no período é incerto. Nsundi foi um tradicional território do reino até meados do XVII. Mvemba a Nzinga foi marquês de Nsundi antes tornar-se o prestigiado rei D. Afonso I. Sabemos que os chefes de Nsundi participaram ativamente nas disputas de poder no Congo até finais do século XVII. Na década de 1640 o importante e hábil Mani Congo Pedro II Necanga a Mvika, originário desta província, fundou a partir de si uma nova kanda originária de Nsundi, que levava o nome do soberano (kinganga), mas a sucessão destes reis foi interrompida após Garcia I Mbemba a Ncanga.[34] Após a restauração por Pedro IV em 1709 e a migração das rivalidades para as províncias centrais (Mucondo, Mpemba, Mbamba e Quimbando), Nsundi parece ter saído de cena e deixado de participar das disputas pelo poder.

Sobre a vinculação política de Mbula dia Lemba, não dispomos de informações relevantes nas fontes. Savona e Frei Rafael missionaram nestas terras, porém destacaram apenas a questão do "gentilismo" e do trato vili no curso do rio Congo.[35] Savona

---

33 Exemplos em Toso, Carlo. Relazioni inedite di P. Cherubino Cassinis da Savona sul Regno del Congo e sue Missioni, p. 208 e Frei Rafael Castello de Vide. Viagem e missão no Congo, p. 190-191.

34 Heywood, L e Thornton, J. Central African Creoles and The Foundation of the Americas, p. 136-140.

35 Toso, Carlo. Relazioni inedite di P. Cherubino Cassinis da Savona sul Regno del Congo e sue Missioni, p. 208 e Frei Rafael Castello de Vide. Viagem e missão no Congo, p. 144-145.

oferta apenas uma pista quando classifica Mbula como um dos quatro reinos.³⁶ O que indica que, ao menos na década de 1760 esta província tinha de fato alguma relação com S. Salvador, uma vez que a classificação de reino não se dava apenas pela importância e extensão do território, mas pela pertença ao que chamou de império do Congo. No período de guerras civis na década de 1680 Mbula era ativa na disputa pelo poder em S. Salvador e a classificação de Savona indica que continuava a ser o caso no período pós-restauração.³⁷

Oando

Oando, assim como Mbula, foi apontado por Savona como um dos reinos do império do Congo. A pouca notícia que temos de Oando vem da pena deste padre, em apenas um parágrafo de seu texto:

> O Reino de Oando é presentemente governado por uma rainha de se chama D. Violante Nani-Lemba Enlaza Castello Branco. São quase todos os seus súditos gentios, e se eles são batizados, são cheios de superstições, mas quase sempre choram para ter missionários. Quando passei batizei apenas nove mil e fiz um matrimonio. Neste Reino tivemos um hospício no Rio Dongo mas está arruinado há muitos anos e muitos desse povo comem carne humana, particularmente d'aqueles que morreram em guerra. Estes são os

---

36 Toso, Carlo. *Relazioni inedite di P. Cherubino Cassinis da Savona sul Regno del Congo e sue Missioni*, p. 207.

37 Thornton, John K. Elite women in the kingdom of Kongo: Historical perspectives on women's political power, p. 456.

que este ano queimaram a corte do Congo e saquearam a igreja e o Hospício.[38]

Apesar de curta, essa exposição da província pelo missionário nos traz elementos interessantes. Primeiramente, assim como Mucondo (ou o território mais amplo: terras da rainha) Oando era governado por uma mulher. Não sabemos infelizmente se a sucessão sempre se dava entre mulheres, como em Mucondo. Isso é provável, uma vez que D. Violande-Lemba Nlaza Castelo Branco, assim como a rainha Ana Afonso de Leão, carregava Nlaza em seu nome. No caso da rainha Ana, o "título" Nlaza era prerrogativa (não sabemos se exclusiva) de mulheres que possuíam grande poder político e chefiavam sua *kanda*.

Este poderia também ser o caso de D. Violande em Oando, apesar de não haver suficientes evidências para tal afirmação. De todo modo, isso demonstra que Oando era um território dominado pelos quinlaza, mesmos quinlaza que em 1765 invadiram e saquearam S. Salvador, expulsando D. Pedro V e sua corte. Evidencia também que a tradição de poder feminino nesta *kanda* não se restringia às Terras da Rainha e às soberanas mani Nlaza.[39]

---

38 Tradução livre: "Il Regno de Oando ancor esso retto da uma Regina, quale presentemente se chiama Donna Violandi Mani-Lemba Emlaza Castello Bianco, mà quasi il suoi suditti, sono Gentili, e se sono batisati, pieni di superstizioni, e idolatrie, ma pure sempre pangono por avere Missionari, ed io vi sono passato, ed avo battezato solamente da nove milla, e fatto uno solo matrimonio. Dentro di questo Regno avevamo l'Ospizio al fume Dongo, mà si e revinato di multi anni, e ancora di questi popoli mangiano carne umana, particolarmente quelli, che mojono in guerra, e questi sono, che anno abrucciato la Corte di Congo, e saccheggiato la Chiesa, e Ospizio." Toso, Carlo. Relazioni inedite di P. Cherubino C. da Savona (...), p. 213.

39 Toso, Carlo. Relazioni inedite di P. Cherubino Cassinis da Savona sul *Regno del Congo e sue Missioni*, p. 213.

Estas informações nos levam à hipótese de que Mucondo e Oando seriam territórios politicamente aparentados na segunda metade do século XVIII, unidos pela tradição do poder político feminino advinda da magnânima rainha Ana. De qualquer maneira, Savona destaca o caráter "bárbaro e gentil" dos habitantes desta província, o que aponta para uma distância considerável de práticas cristãs, por sua vez importantes para as elites de Mucondo.

É necessário apontar que esta descrição altamente negativa de Savona sobre povos de Oando se justifica, entre outras coisas, pelo amargor experimentado pelo padre diante da invasão e destruição de S. Salvador e expulsão do rei Pedro V e sua corte, com quem Savona cultivava boas relações. Mas a carga com que é descrito o "gentilismo" deste povo parece indicar sim para uma característica particular, sobretudo da religiosidade popular. As altas elites de Oando certamente cultivavam algum nível de relação com o cristianismo, o que é evidente pela ligação de D. Violande com rainha Ana (que usava ela própria um hábito capuchinho).[40]

Antes de nos apontar para fatos concretos, a comparação entre as duas províncias corrobora para o caráter plural das relações de poder em sua vinculação com o catolicismo em diferentes províncias. Por não haver um incentivo ou pressão do Mani Congo para que as províncias aderissem cultos católicos (como houve pelos poderosos soberanos seiscentistas), o catolicismo, como ferramenta de poder, não era exclusivo, tampouco obrigatório.

---

40 Thornton, John K. Elite women in the kingdom of Kongo: Historical perspectives on women's political power, p. 456.

Soyo

Diferentemente das províncias citadas anteriormente (com exceção de Nsundi) Soyo, Mossul e Ambuíla podem ser consideradas independentes.[41] Na verdade este conceito: "independente" é bastante discutíveis uma vez que, como debatemos no capítulo anterior, a questão da pertença ou não ao Congo para membros das elites políticas estava muito relacionada à esfera simbólica e identitária. Alguns referenciais vinculados à tradição política conguesa eram os fatores determinantes para as práticas do poder no período pós-restauração. Elementos simbólicos como a capital S. Salvador, o fundador D. Afonso I e os sacramentos e símbolos cristãos formavam as bases da identidade política.

Controlar a capital e gozar do título de *ntotela* oferecia ao Mani Congo, e a seu partido, o direito de cobrar tributos sobre o enterro de mortos nobres das províncias no terreno sagrado de S. Salvador e aos seus parentes. Isso dava ao rei o "controle" sobre o missionário, e em parte também sobre a atividade sacramental deste cobrando inclusive tributos dos nobres do interior que desejassem receber os sacramentos. Além disso, a atribuição do hábito de Cristo também era fonte importante de legitimidade e riqueza para os reis do período. Somados também à nomeação dos membros do muana Congo com títulos de marquês, duque, príncipe, entre outros, que deveria ser confirmada pelo rei, mesmo que previamente feita conforme as lógicas locais.

---

41   Broadhead, Susan H. *Trade and Politics on the Congo coast*, p. 30-35.

Visto isto, ao utilizarmos critérios de períodos de centralização (séculos XVI e XVII) para definirmos o grau de dependência e autonomia das províncias, enxergaríamos um rei com poder esvaziado (conservando um pouco da esfera simbólica) e províncias absolutas, como fez a historiografia através de olhar panorâmico ao século XVIII.

Apesar de concordamos em algum grau com a tese desta historiografia, sobretudo Broadhead, de que a legitimidade do rei do Congo após a restauração tenha sido essencialmente "simbólica", acreditamos que este sentido, diferentemente de tempos anteriores, tenha sido a espinha dorsal que manteve a unidade política. Ou seja, dizer que era de caráter simbólico a relação entre províncias e centro não significa que seja uma unidade menos consistente, ou virtual.

Essa legitimidade simbólica vinculada à tradição política do reino era de caráter absolutamente central nos jogos de poder, tanto em S. Salvador, quanto nas províncias. Por isso, devemos deixar de lado o viés do período de centralização de poder e compreender que no Congo restaurado o poder "simbólico" tornara-se um poder "de fato". E o poder "de fato" tornou-se essencialmente simbólico.

Do ponto de vista da tradição política do reino do Congo desde a sua fundação, pode-se dizer que o território de Soyo foi a mais importante e poderosa dentre as províncias. Além de vastíssima, tinha localização geográfica privilegiada ao noroeste do Congo. Fazia margem ao norte com o caudaloso rio Congo, até a sua foz no Oceano Atlântico, no porto de

Mpinda. Ou seja, era entreposto essencial entre S. Salvador e o mar e no curso do caudaloso rio.[42]

Além da privilegiada posição geográfica, o Mani Soyo gozava tradicionalmente de singular posição política diante do Mani Congo. Lembremos-nos do exemplo da chegada dos primeiros portugueses ao litoral do Congo na década de 1480, ocasião na qual o soberano de Soyo foi o único a obter licença para receber o batismo antes de Nzinga a Nkuwu, sendo ele próprio o responsável por permitir o acesso dos portugueses ao Mani Congo.

Assim como os momentos de boas relações entre o Congo e Soyo fortaleciam o poder real, em períodos turbulentos, as desavenças com a capital geraram grandes crises políticas, como na crise culminaria na desastrosa guerra de Ambuíla. O apoio de Soyo ao rei Pedro IV Nessama a Mbandu foi também vital para que este conseguisse retomar a capital S. Salvador e restaurar o Congo em 1709.[43]

Diante desta intrínseca relação, torna-se uma tarefa espinhosa determinar o grau de "independência" entre Soyo e S. Salvador na segunda metade do século XVIII. Possuímos pouquíssimas pistas na documentação, pois frei Rafael, nosso principal informante, não viajou para a região: o que por si só gera questionamentos.

Savona, por sua vez, foi à Soyo em 1760 e muito se impressionou com a "cristandade" de sua população e as inúmeras igrejas de sua corte. Analisemos, por etapas, a descrição de Savona:

---

42 Heywood, L e Thornton J. *Central African Creoles and the Foundation of the Americas*, p. 138-143.

43 Thornton, John: *The Kongolese Saint Anthony. Dona Beatriz KimpaVita and the Antonian movement*, p. 28-31.

A província de Soyo é ainda grandíssima, de muita extensão e tem fronteira com o Zaire, e realmente tem ilhas povoadas nesse grande Rio, cheias de palmeiras, todas de sua jurisdição. São quase todos cristãos e a maior parte fugidos de guerra da outra parte de Loango, são gente espirituosa e capaz. Do outro lado tem fronteira com o mar. Esta província é governada por um príncipe, que tem maior corte que o próprio rei do Congo, e se chama D. Miguel de Castro e Sylva, casado, bom cristão, lê e escreve em língua portuguesa e seu povo muito afetuoso com os missionários e amantes dos sacramentos. Em todo seu marquesado, cidades e terras há mais de meio milhão de almas. No ano de 1760 fui àquela província e encontrei hospício e igreja, que tem nomes de S. Salvador e Sto Antonio. Se destruiu e depois reergueu igreja e hospício, e para isso contribuiu o príncipe e todos os vassalos. Esta província tinha inúmeras igrejas que hoje se conservam apenas os lugares e suas cruzes. E é costume fazerem procissões nos dias de santo aos quais eram dedicadas.[44]

44 Tradução livre: "La Provincia di Sogno, ancor ella grandissima, e di molti e di molta estasione, e confina col Zaire, anzi a molte Insole in quel gran Fiume populate, e piene di palme, tutte di sue giurisdizione, e sono quase totti Cristiani, (...) gente spirituosae capace, e dall´altra parte confina com mare. E governa questa província da um Principe, che tiene la Corte com piu grandezza, che il Medesimo Rè di Congo, e si chiama presentemente D. Miguel de Castro da Sylva, uomo mariato, e bono Cristiano, e sà legere, e serivere in língua portughese, e li suoi popoli sono bene affeti a Missionari, e amanti de Sagramenti, e farà tra suoi Marchesati, Città. e Terre, più de meglio millione d´anime, e nell´anno 1760 io fui in quella Privincia e trovai l´Ospizio, e Chiesa, che hà titolare S. Salvatore e S. Antonio. Afatto distrutti, e di nuovo fabricai Chiesa e Ospizio e vi concorse il Principe com tutti il suoi Vassali. Erro ancora em questa Provincia di Sogno anticamente molti Chiesi de quali ora si conversano solamente politi e Loughi com le sue Croci, e sempre si venerano e medemi, e costumano farvi le processioni ne giorni de suoi Santi,

O poder político em Soyo continuava sendo ritualizado por elementos cristãos, e assim parece ter sido desde o primeiro batismo do Mani Soyo no século XV. Talvez a relação do cristianismo com o poder político tenha sido particular em relação às outras províncias. Talvez ocorressem paralelamente, e obviamente relacionadas, duas identidades ritualizadas pela via do cristianismo: a local e a central, o que permitiu a Soyo tornar-se formalmente independente de S. Salvador e continuar a reproduzir localmente a ritualização do poder central. Isso aparece quando notamos a descrição de Savona acima que diz que " *tinha inúmeras igrejas que hoje se conservam apenas os lugares e suas cruzes. E é costume fazerem procissões nos dias de santo aos quais eram dedicadas.*"[45] Cenário muito semelhante ao da corte.

Semelhante circunstância encontrava-se em Quibango, que possuía diversas igrejas e uma forte tradição de contatos com os elementos cristão. Porém em Quibango enxergava-se, em ultima instância, S. Salvador como referencial político maior, uma vez que continuavam a disputar o cargo de rei e seu discurso de legitimidade reivindicava ancestralidade dos grandes Mani Congos.

Mbanza Soyo, por sua vez, parece ter tido no século XVIII - e talvez em períodos anteriores - uma autonomia simbólica em relação ao Congo. Desta forma, sua elite pode recorrer ao argumento da relação com o Congo como elemento legitimador, mas este não parece ter constituído a espinha dorsal da legitimidade política, como ocorreu em outras regiões.

---

a quali era dedicate." Toso, Carlo. Relazioni inedite di P. Cherubino Cassinis da Savona *sul Regno del Congo e sue Missioni*, p. 209.

45 Toso, Carlo. Relazioni inedite di P. Cherubino Cassinis da Savona *sul Regno del Congo e sue Missioni*. 209.

Assim com o S. Salvador, Mbanza Soyo conservou o local das antigas igrejas (mesmo que no período estivessem em ruínas). Na descrição de Dicomano, as igrejas de S. Salvador eram algo; "*que agora só se podem chamar cemitérios*",[46] pois teriam se tornado local privilegiado de culto aos mortos, aos quais os membros das elites políticas dirigiam procissões e onde faziam oferendas, enquanto rezavam o rosário.[47] As igrejas não eram lembradas pelos mortos ali enterrados, mas pelos dias dos santos padroeiros de cada igreja. Savona chega a listar as onze antigas igrejas da capital de Soyo especificando qual seria o santo correspondente a cada uma, o que demonstra que seus informantes (infantes ou mestres) tinham esta informação como relevante, mesmo que nesses locais só se encontrassem terreiros com cruzes.[48]

Lembremos-nos da já citada hipótese de Anne Hilton, na qual grandes nobres, principalmente reis, teriam construído em vida igrejas vinculadas a santos padroeiros, que tornar-se--iam cemitérios.[49] Se para S. Salvador consideramos esta tese discutível, aqui em Soyo ela parece acertada.

Mais uma evidência que indica uma autonomia da tradição católica em Soyo é a divisão dos missionários entre Mbanza Soyo e S. Salvador. No texto de Frei Rafael temos notícia que o governador e bispo de Angola pretendia enviar um grupo de missionários ao Congo e outro para Soyo, que por motivo não explícito acaba não ocorrendo. Porém, deve-se levar em conta

---
46 Correa, Arlindo. Informação o reino do Congo por Raimundo Dicomano (...), p. 1-2.
47 Frei Rafael Castello de Vide. Viagem e missão no Congo, p. 167-168.
48 Frei Rafael Castello de Vide. Viagem e missão no Congo, p. 145-149.
49 Hilton, Anne. *The Kingdom of Kongo*, p. 87-93.

que durante os dez anos de missão de Rafel e Dr. André, não há menção nem mesmo em intenção de ir à Soyo.⁵⁰

Na carta, da qual tratamos anteriormente, enviada em 1785 pelo bispo de Angola Alexandre da Sagrada Família a Martinho de Mello e Castro, são citadas informações de padres capuchinhos, missionários em Soyo. Infelizmente não temos notícias sobre os textos escritos por estes padres, desta forma não se pode traçar um paralelo entre o tipo de relação dos padres com o soberano de Soyo e o rei do Congo.⁵¹

Apesar desta autonomia em muitos níveis, o Mani Soyo parecia continuar a exercer influência política em S. Salvador. Em momentos de impasse e disputas envolvendo o poder central, Soyo era responsável pela mediação de conflitos. Assim como no conflito de frei Rafael com Bua Lau, nobre conguês que financiava a ação dos mobire:

> Este procedimento do Infante estranharam muito os Príncipes de Sonho criticando o novo Reinado, principalmente um dos Grandes, que pretendeu o Reino, no tempo da vacância, nos mandou dar satisfação, e pedir-nos que não os desamparássemos por isso, nem deixássemos os serviços de Deus, pelo que sofríamos nestes tempos, e tivéssemos paciência.⁵²

Nota-se a atuação determinante das elites políticas de Soyo, que chegaram a pretender ocupar a regência do Congo

---

50   Frei Rafael Castello de Vide. Viagem e missão no Congo, p. 23.
51   Arquivo Histórico Ultramarino, AHU, papéis de angola, cx 70, doc 28.
52   Frei Rafael Castello de Vide. Viagem e missão no Congo, p. 295.

em períodos de impasse e tornavam-se importantes mediadoras dos conflitos em S. Salvador. Não sabemos exatamente de qual período "de vacância" se trata. Duas hipóteses prováveis seriam entre os reinados de Alvaro XI Nebica a Sunga e D. José I Nepaxi a Giacana, período no qual os quimpanzo ocuparam a capital (uma vez que Soyo tradicionalmente apoiava os quimpanzo). Ou neste mesmo período entre a morte de Afonso V Necanga a Canga e a ascensão de Antônio II Nevita a Mpanzo.[53]

Pelos motivos expostos notamos a grande complexidade da relação de pertença de Soyo ao Congo, algo que não pode ser traduzido completamente por termos como "independente" ou "autônomo". O tipo de dependência de Soyo com relação ao Congo, e vice-versa, foi no período pós-unificação de natureza diferente da de períodos anteriores.

Mossul e Ambuíla

Com fronteiras delimitadas entre o rio Loge ao norte e Dande ao sul se encontravam as extensas províncias de Mossul (ao leste) e Ambuíla (a leste), constituíam a fronteira sul do reino do Congo. Devido à posição privilegiada para o comércio de escravos e a proximidade da colônia lusa de Luanda, esta região foi historicamente marcada por conflitos com portugueses e acirradas disputas pelo controle das rotas e dos portos no litoral. Encontramos dificuldades semelhantes na determinação da relação política com o Congo às de Soyo. Vejamos cada um dos casos.

---

53 Thornton, John: *The Kongolese Saint Anthony. Dona Beatriz KimpaVita and the Antonian moviment*, p. 28-31.

Em todas as fontes às quais temos acesso, o relatório de Savona é o único que trata especificamente de Ambuíla no aspecto de seu pertencimento ao Congo: "*Esse estado é grandiosíssimo e teria mais de quinhentos mil habitantes* [número inverossímil], *mas poucos reconhecem o rei do Congo e se fazem absolutos*".[54]

Apesar de sucinta, essa afirmação é bastante significativa frente aos casos de outras províncias. São raros os exemplos, em toda a documentação, de localidades tradicionalmente integrantes do reino do Congo que se afirmam "absolutos". Isso demonstra que este poderia ser um caso em que a desvinculação simbólica e identitária no campo político tenha ocorrido no período de guerras civis e não retornado ao jugo conguês, mesmo que simbólicamente.

Destacamos no segundo capítulo a importância do interior de Ambuíla para rotas em direção ao sul rumo ao porto de Luanda e a grande circulação de afro-portugueses e ambundos a serviço da coroa portuguesa. Situação absolutamente diferente de regiões que de fato integravam o território congolês, nas quais a circulação de luandenses era ínfima. Ao tratar desta rota comercial Dicomano apresenta Ambuíla como um dos "sítios da Conquista de Portugal"[55] no qual haveria comunicação entre alguns congoleses mercadores de escravos (como os de Quibango) e os lançados afro-portugueses para venderem no porto de Luanda. Esta era interação pouco comum no período pós-restauração e parecia ter Ambuíla como palco privilegiado. Esta província era um dos poucos

---

54 Toso, Carlo. Relazioni inedite di P. Cherubino Cassinis da Savona sul *Regno del Congo e sue Missioni*, p. 210-211.

55 Correa, Arlindo. *Informação o reino do Congo por Raimundo Dicomano* (...), p. 11.

territórios nos quais ocorria livre circulação de congoleses, ambundos, luso-africanos e portugueses. Essa abertura teve provável origem na batalha ocorrida nesta província em 1665, que marcou o início do período de desorganização política congolesa e da permanente inimizade entre Congo e Portugal. Em relação aos regentes de Ambuíla, notamos uma constante ambiguidade ao afirmarem-se ora pertencentes ao Congo, ora parceiros de Luanda, o que talvez tenha sido estratégico para a manutenção de sua autonomia em relação a ambos.

Este não era o caso do território vizinho de Mossul: um exemplo significativo por ser comercial e territorialmente estratégica, sobretudo para o império português. A ambição pelo controle do tráfico de escravos na região portuária de Mossul, que tinha na foz do rio Loge um importante entreposto de escravos, somado à massiva presença de ingleses e franceses na área fez desse território palco de diversos conflitos que envolviam interesses locais e de diferentes europeus.[56] No capítulo primeiro nos focamos nas questões comerciais e na empreitada militar portuguesa nas décadas de 1770 e 80 com o objetivo de dominar o tráfico de escravos na região. Vimos que os lusitanos esbarraram em interesses locais e na vontade de ingleses e franceses que tinham se tornado no período os parceiros privilegiados dos congoleses desta região. Nosso foco neste capítulo é a questão política e a relação, não com Luanda, mas aquela com S. Salvador.

Broadhead, por ter trabalhado principalmente com fontes relativas ao tráfico de escravos, qualificou o Marquês de

---

56 Broadhead, Susan H. *Trade and Politics on the Congo coast*, p. 51.

Mossul no século XVIII de: "um antigo vassalo do reino do Congo". Essa perspectiva ganha sentido dentro da abordagem economicista da historiadora. Para temas relativos ao comércio costeiro de escravos as elites de Mossul pareciam, de fato, gozar de absoluta independência.[57] Porém no que tange o sentido político mais profundo, sua definição parece insuficiente.

Frei Rafael de Vide, em sua primeira passagem por Mossul em 1780, quando viajava (com toda a comitiva) para o norte em direção a S. Salvador afirmou:

> (...) saímos de Luanda ou S. Paulo da Assunção, como se intitula a capital de Angola, no dia 2 de Agosto de 1780, e deixando as comodidades com que nos enviaram os Ex.mos Snrs. do Governo espiritual e temporal, falemos dos trabalhos que logo principiámos a padecer, que não foi tanto em terras que ainda são do domínio de Nossa Soberana, e em o Marquesado de Mossul, e do Bumba, que já pertence ao Rei do Congo.[58]

Frei Rafael, nas três ocasiões que descreveu sua passagem por Mossul indo a Luanda (ou voltando ao Congo) apresentou-a como a primeira província do Congo. Além do mais, o fim da jurisdição da rainha de Portugal ao cruzar o rio Dande é bastante claro. Quando passou por Mossul em julho de 1785 com a embaixada enviada pelo governador de Angola ao Congo, chefiada por um tenente de infantaria para tentar

---

57 Broadhead, Susan H. *Trade and Politics on the Congo coast*, p. 53-60.
58 Frei Rafael Castello de Vide. Viagem e missão no Congo, p. 310-311.

negociar com o então rei D. Afonso V, frei Rafael descreveu a tensão vivida entre a gente a província e os portugueses:

> (...) no dia seguinte aportámos no Dande, aonde achámos tudo pronto com gente e refrescos por ordem do Senhor General para nos transportarem até o Libongo, última terra da nossa jurisdição; e ali se veio ajuntar o Militar com os seus soldados, e o seu negócio para entrarmos todos por terra adentro, e já ali nos esperava o Embaixador do Congo, que se havia adiantado, e no dia 24, passámos ao Indui, e daí ao Itabe, primeira terra do Mossul, Marquesado do Congo: não falo do bem que fomos recebidos, e os brancos, ainda que para eles é gente nova nestes caminhos mas pelo respeito de Luanda, que como vizinhos temem, e pela reverência dos Padres, e por saberem que o militar, que era um Tenente de Infantaria vinha como Embaixador para o seu Rei, nos fizeram muitos presentes, e o mesmo Marquês veio da sua Banza a visitar-nos, por ver também assim se obtinha a graça do Ex.mo Senhor General, cujo enfado tinham experimentado, e ainda os tinha privado de entrarem em Luanda, o que eles muito sentiam (...)[59]

Aqui, Castelo de Vide, nos apresenta um cenário de rivalidades e conflitos entre os habitantes de Mossul e os portugueses, devido aos recentes confrontos nos quais os militares

---

59 Frei Rafael Castello de vide. Viagem e missão no Congo, p. 241, 242.

lusitanos tentaram bloquear a ação francesa e inglesa nesta província, principalmente no porto de Ambriz.

Mesmo que as autoridades locais de Mossul tenham sido determinantes, acreditamos que o importante vínculo simbólico e territorial destes com o Congo foi elemento determinante para a manutenção de sua soberania; até a invasão definitiva de Portugal em 1855.[60]

Paulo Martins Pinheiro de Lacerda, coronel de infantaria do exército da Coroa portuguesa, chefiou campanhas portuguesas a Mossul entre 1791 e 92 e descreveu-as em relatório.[61] Lacerda relata sua empreitada militar e vitória sobre os exércitos de Mossul e posteriormente seu fracasso devido a intervenção da corte inglesa:

> Nesta Província do Mossul há as povoações seguintes, sendo a maior delas a do Marquês, que fica no centro e é grande, a do souso que fica no centro e é quase o mesmo, e seu chefe se apelida General, ao qual fiz prisioneiro na batalha e se chamava D. Miguel (...).
>
> Adiante: Como por aquelas províncias tem entrado missionários Barbadinhos, eles cuidam muito em que se batizem seus filhos, e presumem de serem católicos romanos trazendo ao pescoço crucifixos de metal, como os mesmos missionários, e alguns até cirzinhos e coroas e

---

60 Sobre o contexto de Mossul no século XIX: Wissenbach. Entre caravanas de marfim (...). 2008.

61 Lacerda, P. M. P. Notícia da Companha e Paiz de Mosul, que conquistou o sargento mor Paulo Martins de Pinheiro Lacerda, no anno de 1790, até o princípio de 1791. Annaes da Associação Marítima e Colonial, sexta série. Lisboa. Imprensa nacional. 1846, p. 127-133.

> também barbas compridas, porém não se entende a mais sua religião do que estes exteriores, e no mais conservam sua barbaridade (...)[62]

Vemos aqui descritas características que aproximam muito os mossuis do Congo. O uso do título de marquês e do nome português como forma de legitimidade, além da auto identificação como cristãos e o uso de insígnias e mesmo barba à moda capuchinha. Além da questão religiosa, Lacerda debate também a identidade política, não apenas na região de Mossul, mas no Congo como um todo:

> Enquanto aos costumes, em nada diferenciam do Mossuis, por serem todos de classe dos Congos, e Muxicongos, a cujo Monarca eram todos sujeitos em tempos antigos, e ainda hoje se prezam serem vassalos daquele rei, mas na verdade está todo aquele reino dilacerado, porque o Mosul, se chama Marquês do Rei do Congo. O do Onde, se chama Conde; o de Quina se chama Duque, este já se apelida Rei, o de Mpemba se chama Duque; mas nenhum deles obedece ao Rei e são cada um senhores despóticos nos seus Estados; mas quando os apertam, todos protestam com a vassalagem e sujeição do Congo (...).[63]

As apreciações de Lacerda quanto à identidade política (e religiosa) conguesa são muito interessantes. Sua

---

62 Lacerda, P. M. P. Notícia da Companha e Paiz de Mosul, (...), p. 127-133.
63 Lacerda, P. M. P. Notícia da Companha e Paiz de Mosul, (...), p. 127-133.

absoluta incapacidade de compreender a complexidade da conformação da identidade congolesa é patente. Através de seu olhar europeu, Lacerda aponta para duas contradições. Primeiramente, o fato dos congoleses de Mossul se comportarem como católicos (utilizando insígnias e imitando comportamentos dos próprios capuchinhos) e ao mesmo tempo preservarem aquilo que chama de "barbaridade", ou seja, sua especificidade nos rituais e costumes. A segunda contradição se deve ao fato de exaltarem a sua vassalagem ao rei do Congo e ao mesmo tempo "não obedecem ao rei e são todos senhores despóticos em seus Estados".

Ora, esses dois elementos: o "ser católico" e o "ser sujeito ao rei do Congo" eram no período vetores da identidade política conguesa. Como agente da conquista portuguesa, acreditava que a sujeição política deveria ser construída por mecanismos de dependência econômica e submissão militar. Como cristão português, a conversão ao catolicismo deveria ocorrer como um fenômeno absoluto e não poderia conviver com praticas religiosas tidas como pagãs ou heréticas. Naturalmente, o militar não pode compreender os sentidos específicos que o "pertencer a um reino" e "ser praticante de sacramentos e portar insígnias católicas" possuíam no Congo.

Deixou também de entender que a sujeição ao Mani Congo e o uso cotidiano de elementos do catolicismo encontravam-se interligadas num sistema político que transcendia o recolhimento de tributos ou a sujeição militar. Estes diziam respeito a um pertencimento profundo e cotidianamente ritualizado pela memória do Mani Congo D. Afonso I (ao qual toda a muana Congo estaria ancestralmente vinculada); pela nomeação de marqueses, duques ou príncipes; pelo enterro dos mortos em S. Salvador nas ruínas das igrejas vinculadas a cada ancestralidade; pela nomeação dos cavaleiros da ordem de cristo; pelo trabalho ritualístico dos padres europeus; dentre outros.

Além do mais, é evidente que reivindicar o pertencimento ao Congo (sobretudo para as províncias ao sul) era uma ferramenta de defesa contra invasões lusas. Pois como vimos no segundo capítulo, a parceria comercial entre holandeses, ingleses e franceses garantiam proteção no plano internacional.

Por isso, um trabalho de história do Congo não pode reproduzir os binômios trazidos pelas fontes europeias: dependente/independente, católico/não-católico, vassalo/não-vassalo, centralizado/fragmentado. A especificidade da história política conguesa vai além dessas rotulações dualistas.

Através desta panorâmica incursão pelas principais províncias conguesas, notamos que o reino do Congo pós-restauração manteve suas principais províncias a ele vinculadas, em um pertencimento de outra natureza, na qual os elementos do catolicismo (em maior ou menor grau) funcionavam como elementos de rememoração desta identidade política. Observaremos, adiante, através da documentação, os principais elementos utilizados para a ritualização desta rememoração, que conferia grande legitimidade às elites locais.

O sacramento do matrimónio e as elites locais

O estudo sobre o casamento cristão no Congo do século XVIII esbarra em muitos desafios. Os religiosos que redigiram as fontes disponíveis, presos à visão do casamento cristão europeu, não puderam (e tampouco se interessavam em) compreender as especificidades deste sacramento na perspectiva local. A popularização deste sacramento era, em geral, interpretada pelos missionários (mais esperançosos) como uma vitória da expansão da fé católica e do modo de vida europeu frente aos repudiados hábitos matrimoniais locais. No caso dos informantes mais pessimistas e ortodoxos, o casamento recebido pelas elites do Congo constituía-se como uma deturpação de seu sentido "original", devido a persistência de hábitos de poligamia. Diante de qualquer um dos testemunhos, não é tarefa fácil ao historiador depurar as noções particulares sobre este sacramento para os congueses.

O casamento poligâmico constituía-se como elemento essencial para a organização social, e parecia operar (ao menos majoritariamente no período) pela descendência matrilinear e matrilocal. O papel econômico da mulher conguesa era importantíssimo, pois em geral, eram elas as responsáveis pelo plantio e pela colheita de alimentos. Aos homens eram delegados trabalhos mais pesados: caça, construção e limpeza dos campos para o plantio. Por isso, a riqueza e capacidade de produção de uma família tinham como importante critério o número de mulheres, que influía na legitimidade social do grupo. Cada união constituía uma nova aliança entre as famílias dos noivos, por isso, quanto mais esposas tinha um homem, mais ampla era a sua rede de famílias aliadas, maior, portanto, seria seu prestígio e poderio de articulação política.[64]

---

64 Correa, Arlindo. *Informação o reino do Congo por Raimundo Dicomano* (1798). 2008, p. 4. Publicado eletronicamente em: http://www.arlindo-correia.com/101208.html. Simultaneamente como o texto original em italiano: Correa, Arlindo.

Nos casamentos congueses, o dote era pago pelo homem à família da mulher, com valor que variava de acordo com o prestígio desta. Quanto mais abastada a família do homem, maior era o número de alianças possíveis com grupos igualmente eminentes. Na mesma medida, devido ao dote, o grande número de filhas jovens acarretava em substanciosa receita ao grupo, que poderia ser reinvestida na forma de novos casamentos de membros masculinos, tecendo uma vasta rede de alianças, pela qual circulavam riquezas.[65]

Observemos a profícua descrição Dicomano, nosso principal informante das práticas matrimonia nas últimas décadas do século XVIII:

> Porque um homem, que tem apenas uma mulher é sempre pobre, não tem que comer e não é estimado, porque entre eles existe o costume de que só as mulheres trabalham, e têm de dar de comer aos homens; ora como pode uma mulher trabalhar tanto que dê para comer o marido, ela e os filhos? Mas se um homem se casa com dez, vinte e trinta, ou mais mulheres (eu conheci alguns que tinham até oitenta), então este fica rico e grande senhor, porque estas mulheres dividem o ano entre elas, e cada uma dá de comer ao marido no tempo que lhe cabe, e o marido é obrigado naquele tempo a dormir com a mulher que lhe dá de comer, por

---

Informazione sul regno del Congo di Fra Raimondo da Dicomano (1798). 2008. Publicado eletronicamente em: http://www.arlindo-correia.com/121208.html

65 Correa, Arlindo. *Informação o reino do Congo por Raimundo Dicomano* (...), p. 3-5.

isso todas procuram tratar bem o seu marido e este vive bem.⁶⁶

A partir do relato, inferimos que o sistema rotativo entre as muitas esposas permitia que houvesse maior autonomia destas em relação aos maridos, pois cada uma se responsabilizava exclusivamente por sua casa e seus filhos, que em geral eram poucos. A obrigação em sustentar os maridos (o que escandalizou o frei) vigorava apenas durante o tempo de estadia do mesmo em cada casa, tornando este núcleo materno autônomo do pai, que por sua vez gozava de liberdade de circulação entre diferentes núcleos.

No sistema matrilinear e matrilocal, a transmissão da linhagem e ancestralidade de um homem se dava através das mulheres de sua família (suas irmãs) e não de suas esposas. Ou seja, os herdeiros de um homem eram seus sobrinhos, filhos de sua(s) irmã(s). A transmissão de herança, segundo Dicomano, se dava de pai para filho apenas na ausência de sobrinhos nascidos de irmãs.⁶⁷ Isso conferia grande fluidez ao sistema de alianças entre famílias, sendo possível uma pluralidade enorme de casamentos (ao menos dentre as elites). O casamento de um homem não alterava a distribuição de riqueza de sua família, ele significava principalmente uma nova aliança. Alianças poderiam ser estabelecidas em grande número (desde que houvesse recursos para o dote), o que gerava ampliação da rede de influências do grupo. A dissolução no casamento (ou substituição do marido, em caso de viuvez)

---

66 Correa, Arlindo. *Informação o reino do Congo por Raimundo Dicomano* (...), p. 4-5.
67 Correa, Arlindo. *Informação o reino do Congo por Raimundo Dicomano* (...), p. 4.

tampouco afetava o tronco da organização familiar, uma vez que a herança não passava pelo eixo marido-mulher (como na monogamia europeia), mas pelo eixo irmão-irmã. Dicomano nos informa que em alguns casos de morte do marido, para que não houvesse dissolução da aliança, as viúvas tornavam-se esposas de sobrinhos do falecido, o que demonstra a primordialidade da aliança entre linhagens.[68] Devido às características da organização social expostas acima, notamos que a concepção católica do casamento enquanto sacralização e fixação de um casal monogâmico, tornando-o eixo central da transmissão familiar, era incoerente à realidade social conguesa do período, mesmo que esta prática sacramental tenha ocorrido no Congo há três séculos.

Estas incongruências não impediram a realização de núpcias católicas, da mesma maneira que em períodos anteriores.[69] Cabe a nós o exercício de desvelar as especificidades deste ritual para homens e mulheres no contexto.Neste sentido, encontramos pistas relevantes no relatório de missão de frei Rafael de Vide, que nos informa sobre o costume dos padres, além de ministros do sacramento, terem tornado-se também padrinhos ou compadres dos noivos:

> Isto de serem compadres dos Padres, e afilhados é para esta gente ou grande honra, ou devoção; por isso, nesta Missão, e nas outras, e ainda na Corte mesmo, muitos me vêm rogar

---

68 Correa, Arlindo. *Informação o reino do Congo por Raimundo Dicomano* (...), p. 4.
69 Exemplos de casamentos: TOSO, Carlo. *Relazioni inedite di P. Cherubino Cassinis da Savona sul Regno del Congo e sue Missioni*. In *L'Italia Francescana*. Roma. 1975, p. 135-214 165, 23 e 251.

para isso; e eu sempre os satisfaço, e sei o modo, que posso para isso, e para eles não desconfiarem ou perderem a sua devoção, é ponto que eles têm de honra. Nos casamentos dos maiores Fidalgos, Infantes e Príncipes, sempre o Padre há-de ser o seu Padrinho, porque, dizem eles, que não têm outra pessoa maior, mas eu sempre procuro que hajam as testemunhas do Concílio nos casamentos, e no baptizado os legítimos padrinhos, e eles sempre ficam com o título de Compadres, ou afilhados, e se dão por satisfeitos.[70]

O casamento que, aos olhos europeus, constituía-se na sacralização do vínculo marido-mulher, tornou-se também uma estratégia de vínculo dos congueses com o próprio missionário, ampliando-se para um sentido político-social, com a conquista de uma nova qualificação: *"eles sempre ficam com o título de Compadres, ou afilhados"*.

Para além do privilégio de se tornarem afilhados dos religiosos, o sacramento do matrimônio parecia mesmo funcionar como mais um ritual de rememoração da tradição cristã, de acordo com a hipótese anteriormente exposta, pela qual os membros da elite política adquiriam legitimidade, e aglutinavam um novo distintivo (que se somaria ao de marquês, duque, cavaleiro de cristo). Isso explicaria a aparente exclusividade dos membros das altas elites como praticantes deste sacramento.

Nos relatos do franciscano italiano Cherubino de Savona, assim como em Castelo de Vide, o status de "casado" aparece

---

70   Viagem e missão no Congo de Frei Rafael Castelo de Vide, fl. 201.

como evidência do elo dos membros da *muana Congo* com o cristianismo. Através de Savona, os nobres são anunciados, em inúmeras situações, de acordo com o modelo que segue: *"(...) rei D. Alvaro XI cristão e casado"* ou *"um grande marquês de nome D. Afonso Romano Leite, casado, que tem ainda o título de Rei dos Ambundos (...)"*.[71] A qualificação de "casado" se junta ao nome português e aos títulos políticos, para compor o grau de legitimidade atribuído à muana Congo diante do padre.

Nota-se também que aqueles que gozam do título de "casado", por vezes eram privilegiados com acesso mais direto aos sacramentos e insígnias da igreja, como vemos em Frei Rafael:

> Nos outros dias me vinha visitar, e me convidava para ir a sua casa, coisa que nem todos costumam, para sua mulher legítima me tomar a bênção, e dizia ele para abendiçoar a sua casa, porque era homem casado; a que eu correspondia com agrado, e santa doutrina, e lhe dei algumas coisas de devoção, coisas que eles estimam muito receber das mãos dos Padres.[72]

Neste caso, além de ser um importante membro da elite da "província" de Quibango, foi agraciado com a prestigiosa visita do padre e com presentes *"porque era homem casado"*. Sabemos que o os religiosos utilizavam tal critério como argumento aos superiores eclesiásticos, destinatários dos documentos, como afirmação da legitimidade destes congueses como cristãos, afastando estas visitas de possíveis suspeitas. De qualquer forma,

---

71　Toso, Carlo. Relazioni inedite di P. Cherubino Cassinis da Savona *sul Regno del Congo e sue Missioni*, p. 210.

72　Viagem e missão no Congo de Frei Rafael Castelo de Vide, fl.. 43-144.

acreditamos ser acertado afirmar que aos cônjuges atribuía-se significativo prestígio também na esfera local.

O que não se pode deixar de lado, ao tratarmos o casamento católico como uma prática que atribuía legitimidade social, é o basilar papel da mulher. Para se apresentarem aos padres como candidatos ao casamento, os nobres congueses deveriam obviamente eleger (apenas) uma noiva. Além disso, deveriam evitar que os padres tomassem conhecimento sobre a existência de outras diferentes daquela. Os missionários Savona e Rafael de Vide foram tacitamente flexíveis a esse respeito, deixando de empreender investigações profundas sobre a existência de outras esposas além da escolhida para a oficialização sacramental. O capuchinho Dicomano, ao contrário, se preocupava em observar atentamente as particularidades da poligamia conguesa, recusando-se a realizar o sacramento, desde que mediante as evidências da monogamia dos noivos. Consequentemente, logrou em realizar apenas quarenta matrimônios em muitos anos de trabalho.[73]

Constatamos através da documentação que a obrigatoriedade imposta pelo padre na monogamia requeria criteriosa opção por parte dos homens polígamos de qual seria a noiva eleita ao ritual, exigindo também o consentimento das esposas excluídas deste. Os critérios desta escolha nos são, infelizmente, inacessíveis. Vejamos um acontecimento significativo, vivido por frei Rafael enquanto casava um importante infante na mbanza de Coma, próximo a Ensuco:

---

73 Correa, Arlindo. *Informação o reino do Congo por Raimundo Dicomano* (...), p. 4-5.

> Uma delas quis mostrar o seu brio por ser desprezada, e [o infante] casar com outra que ele escolheu; e quando o Infante se retirava para sua casa, já com a sua verdadeira Esposa, aquela mulher por outra parte rompia o muro com grande fúria, com um alfange na mão, cortando os paus e palhas que formavam o muro, e fazendo com os seus parentes os seus sagamentos ou brincos de guerra, como arremetendo, e dizendo que não havia de sair escondida como as outras mancebas, mas à vista de todos, porque ela era Infanta, e tinha primeiro a palavra do casamento.[74]

O fato narrado oferece-nos elementos relevantes. Primeiramente, aponta para a prevista conclusão de que o casamento católico não substituía, tampouco questionava o sistema poligâmico, uma vez que se esperava que as esposas não escolhidas, "mancebas" aos olhos missionários, saíssem furtivamente (provavelmente retornando após a partida do padre), o que denota a montagem de um "jogo de cena" para ludibriá-lo. Em segundo lugar, notamos que para a esposa escolhida e sua parentela, passar pelo rito matrimonial significava adquirir considerável status, negado à mulher e sua família no relato do franciscano, o que mobilizou-os para o protesto. Além disso, fica evidente o vínculo entre a identidade *muana Congo* (infanta): "não havia de sair escondida como as outras mancebas, mas à vista de todos, porque ela era infanta".[75]

Em outros casos, cônjuges se viam diante da dificuldade em escolher apenas uma das esposas, talvez por temerem

---

74 Viagem e missão no Congo de Frei Rafael Castelo de Vide, fl. 212.
75 Viagem e missão no Congo de Frei Rafael Castelo de Vide, fl. 212-213.

os mesmos percalços sofridos pelo homem descrito acima. Nestes casos, o prestígio proveniente do "título" de casado poderia causar danos que colocassem em risco as alianças no âmbito da organização social. Eis um exemplo concreto de conflito trazido por frei Rafael:

> (....) eles tudo prometiam mas ali [em Mbanza Nsolo próximo à Quibango] não fiz algum casamento, nem com o mesmo Príncipe pude acabar que se casasse; tendo muitas mulheres, escolhesse uma, o que me causou alguma desconsolação porque era já velho, e não podia esperar outra missão; mas isto sucede em toda a parte: uns recebem a doutrina, outros, não.[76]

As evidências encontradas na documentação sinalizam para a importância do sacramento do matrimônio como um rito que atribuía legitimidade política aos homens e mulheres membros da *muana Congo*, por ser mais um dentre os rituais de rememoração da tradição política conguesa. Este sistema convivia muitas vezes de maneira conflituosa, com as estruturas sociais organizadas pela poligamia e matrilinearidade; o que explicaria o fato do casamento ter (aparentemente) atingido, com exclusividade, camadas altas da sociedade e ter sido recebido de forma diversa, dependendo da localidade.[77]

Visto isso, nota-se que não se reproduzia no Congo os significados do casamento católico e europeu, antes disso, vemos

---

76   Viagem e missão no Congo de Frei Rafael Castelo de Vide, fl. 197.
77   Exemplo de Oando, local no qual nobre algum aceitou casar-se: Viagem e missão no Congo, fl.. 197, em oposição à Quibango onde o casamento parecia muito popular entre as elites Viagem e missão no Congo, fl.. 204.

a instrumentalização deste ritual de acordo com interesses próprios e códigos sociais historicamente constituídos pela relação particular dos congueses com o catolicismo. Diante dessa conclusão, evidencia-se a insuficiência de uma perspectiva que pressupõe simples difusão de práticas cristãs: possível armadilha de uma leitura superficial das fontes, esta abordagem cristocentrica obscureceria a compreensão das dinâmicas e os diferentes interesses em jogo.

Nlekes, Intérpretes e Mestres: os especialistas rituais locais.

Os agentes religiosos congueses que participavam do trabalho ritual católico se dividem no período pós-restauração, de acordo com os testemunhos, em três grupos. Apesar de não termos evidências suficientes, supomos que deve ter havido outras categorias além destas em questão. Trataremos primeiramente dos nlekes, chamados também "escravos da igreja", que ocupam um nível inferior na hierarquia religiosa, sobre os quais a documentação oferece apenas possibilidades descritivas. Ao contrário destes, os mestres de igreja e intérpretes eram agentes de maior prestígio e participação ritual, sobre os quais os padres apresentam postura mais ambígua, gerado por conflitos e negociações, que nos propiciarão uma leitura mais aprofundada e útil aos nossos objetivos.

Nleke é um termo recorrente nas fontes quando tratam dos chamados "escravos da igreja", este vocábulo quicongo confere sentido de juventude, seu plural é: muleke (herdado pelo português brasileiro). Utilizaremos aqui "nlekes" como plural, contrariando a morfologia do quicongo, pois trataremos este vocábulo como um título específico, distinto do termo *muleke*, aplicável a qualquer coletividade jovem. A semântica do verbete, por si só, aponta para a característica jovem destes chamados "escravos da igreja".[78] Todavia, tal função não parece ter sido restrita aos moços; havendo descrições de *nlekes* mais velhos, mesmo idosos, que naturalmente gozavam de maior prestígio.[79]

Thornton mostra a importância do trabalho dos *nkeles* nos hospícios capuchinhos (e como carregadores nas missões) em meados do século XVII, durante o ápice da missão desta ordem, a quem chama de *"hospice servants"* (servos do hospício), como pertinente alternativa ao termo "escravo", que aparece nas fontes, uma vez que, segundo este autor os *nlekes* teriam sido, na verdade, escravos libertos (*"freed slaves"*).[80] O historiador não nos informa (pois suas fontes não o fazem) sobre o contexto destas liberações, mas segundo evidências do nosso período, pode-se inferir que muitos *nlekes* tenham sido estrangeiros, sem vínculos familiares, tutelados por missionários ou autoridades locais, após possível "resgate" das rotas direcionadas ao Atlântico. Isso explicaria o vínculo local às províncias, igrejas ou hospícios, fora do sistema familiar.

Os *nlekes* no convento dos capuchinhos em Ensuco são bastante comentados pelas fontes do período, como vemos em Savona:

---

78 Em Castelo de Vide também faz fererência aos *nlekes* como "moleques". Viagem e missão no Congo, fl. 273.

79 Correa, Arlindo. *Informação o reino do Congo por Raimundo Dicomano* (...), p. 6.

80 Thornton, John K. The development of an african Catholic Church in the Kingdom of Kongo, 1491-1750. *The jornal of African History*. Cambridge, Cambridge Univ. Press, p. 161 a 164.

Temos o hospício de Ensuco, fundado pelo Rei Pedro III e seu avô e os escravos que estão a serviço da missão. Mas pouco se estende, não seriam 100 mil habitantes, todos cristãos. Foram sujeitos de invasores de Oando, que destruíram quase tudo, em 1765 reerguemos o hospício com os escravos da igreja e os súditos do `paesi´.[81]

Estes mesmos são citados por frei Rafael uma década mais tarde:

> Ainda bem não tinha descansado, quando me mandaram pedir uns escravos dos Padres Barbadinhos Italianos, que assistiam no seu Hospício de Ensuco, dois dias de jornada desta Corte, que fosse acudir, porque não estando aqui os seus Padres, os queriam apanhar para os venderem.[82]

Estes *nlekes* de Nsuco parecem ter sido numerosos e seu vínculo não era apenas provincial, como também com a própria ordem capuchinha. Em algumas ocasiões (como narra Savona) encontravam-se emprestados a uma viagem de missão específica, porém não estavam vinculados a um aparelho eclesiástico "nacional" no sentido amplo (inexistentes no período), mas aos núcleos e províncias específicas. Além destes, havia alguns *nlekes* que viviam em *Mbanza Congo*, nos arredores

---

81 Toso, Carlo. Relazioni inedite di P. Cherubino Cassinis da Savona *sul Regno del Congo e sue Missioni*, p. 213.
82 Viagem e missão no Congo de Frei Rafael Castelo de Vide, fl. 148.

da casa dos padres. Na ocasião da chegada da comitiva de frei Rafael à Mbanza Congo em 1780, alguns nlekes, que se encontravam dispersos, se reuniram novamente após anos de ausência missionária, como nos informa o padre: *"vigário geral, que aqui morreu, os quais, andando dispersos, ouvindo a nossa chegada, se têm vindo ajuntar para nos servirem, e para comerem"*. Alguns deles tornavam-se tutelados da igreja após cedidos aos padres como moeda de troca, oferecida por infantes que vinham à capital para receberem sacramentos ou títulos, principalmente o hábito de cristo (que era oficializado conjuntamente pelo padre e o Mani Congo).[83]

Enquanto estavam na capital, os nlekes eram responsáveis por lavrar as terras "que pertencem à igreja" e destas tiravam seu sustento (alimentando também mestres, interpretes e padres). Trabalhavam na construção ou manutenção de igrejas e das casas dos padres e mestres. Alguns constituíam famílias (aparentemente monogâmicas) e pareciam gozar de certo grau de liberdade de circulação dentro das mbanzas.[84]

Durante as viagens, os nlekes eram particularmente importantes para a manutenção da estrutura das missões, atuando como carregadores com o dever de zelar pelos padres e materiais de culto, e transportá-los. Assim como outros membros das comitivas de missão, eram sustentados por "presentes" dados pela população local, principalmente as elites dirigentes mais abonadas, que ofereciam recompensas pelos serviços rituais prestados.[85] Vale observarmos a interessante (e um

---

83 Viagem e missão no Congo de Frei Rafael Castelo de Vide, fl. 22
84 Viagem e missão no Congo de Frei Rafael Castelo de Vide, fl. 220- 221.
85 Viagem e missão no Congo de Frei Rafael Castelo de Vide, fl. 220-222.

tanto idealizada) descrição de frei Rafael a respeito da atividade cotidiana dos nlekes junto às missões:

> Nas missões, nos acompanham os escravos da Igreja, que sempre o Padre leva vinte ou mais, ou pouco menos, conforme a necessidade, entre grandes e pequenos; e estes são os que lá guisam a comida, buscam água, e lenha como na Corte, e todos com o Padre vão alegres, porque na missão comem melhor, porque há mais esmolas. Têm grande zelo do seu Padre, de noite, e de dia o guardam, e Deus é servido infundir-lhe um tal respeito ao Missionário, que este se entrega livremente nas suas mãos por matos, serras e sertões, sem algum temor, e é impossível fazer-lhe algum mal, só furtar-lhe alguma coisa, para o que eles têm sua inclinação; mas são furtinhos, que o Padre disfarça muitas vezes. Algumas vezes o enfadam com gritarias entre eles, outras o divertem com as suas danças honestas, que outras lhe não permitimos, mas sempre se humilham à correcção, e nós os tratamos com amor como filhos, e não severos como a servos.[86]

Mestres de igreja e interpretes, foram personagens fundamentais no trabalho ritual católico ao longo da história do Congo, com presença nas descrições das fontes. Diferentemente dos nlekes, detinham alto prestígio social; as teias das relações de poder envolvendo estas figuras, as elites políticas locais e os missionários europeus eram de caráter mais complexo no

---

86 Viagem e missão no Congo de Frei Rafael Castelo de Vide, fl. 224-225.

século XVIII, do que se poderia pressupor diante dos papéis tradicionais da igreja.

A maneira com que a equipe eclesiástica se distribuía na principal igreja de Mbanza Congo, onde faziam também sua morada, é bastante representativa das relações hierárquicas. Segundo relatos de frei Rafael, a casa onde os religiosos viviam posicionava-se atrás da Santa Sé, conectada à sacristia da igreja; cercada por um alto muro aos fundos. Os nlekes viviam fora dos muros e seu acesso à sacristia e a casa dos padres era restrito. Mestres e intérpretes pareciam não morar com padres e nlekes neste conjunto, mas seu acesso a todas as dependências (inclusive a casa dos padres) era irrestrito, o que denota a detenção de maior poder e autonomia destes congueses.[87]

Os mestres catequistas no Congo remetem à tradição iniciada no reinado de D. Afonso I Mvemba a Nzinga, no início do século XVI, quando foram inauguradas as chamadas "escolas de gramática", com o objetivo de ensinar aos jovens das elites a leitura e escrita do português; além dos preceitos da catequese. Os primeiros mestres e intérpretes eram membros das mais altas elites conguesas, diretamente ligadas aos soberanos, alguns deles formados em Portugal. Em meados do século XVI, missionários jesuítas tornaram-se os principais agentes do ensino da língua portuguesa e dos preceitos da fé cristã. Em 1555 foi escrito o primeiro catecismo em kikongo por jesuítas: trabalho que parece ter contado com a contribuição desses primeiros mestres africanos.[88] Esta parceria entre

---

87   Viagem e missão no Congo de Frei Rafael Castelo de Vide, fl. 220-222.
88   Thornton, John K. The development of an African Catholic Church in the Kingdom of Kongo, 1491-1750. *The journal of African History*. Cambridge, Cambridge University Press, 1985, p. 248-150. Souza, Marina de Mello e. *Missionários e mestres*

agentes locais e europeus faz-se evidente no século seguinte, com a publicação o catecismo "doutrina cristã", organizado pelo jesuíta Mateus Cardoso que apontou para a participação dos "melhores mestres indígenas de *Mbanza Congo*" na obra: certamente com o cargo de mestres.[89]

Em meados do século XVII ocorreria a crise definitiva nas relações diplomáticas entre Luanda e *Mbanza Congo*, assim como expulsão peremptória dos jesuítas do reino do Congo. Também se deu a transferência do bispado de Congo e Angola para Luanda, afastando os Mani Congos dos prelados. Diante do estremecimento nas relações com Portugal (seu principal parceiro para a formação de mestres), a formação destes parece também ter tomado novos rumos. No período pós-restauração, diante da tensa relação luso-conguesa, parece-nos pouco provável, que os numerosos mestres e intérpretes atuantes (assim como "secretários" e outros letrados) tenham sido formados pelos aparatos coloniais portugueses em Angola; tampouco que tenham ido à Europa. Os capuchinhos italianos, durante a segunda metade do século XVII cumpriram o papel educacional (em seu convento de Ensuco), independente dos portugueses, mas após a queda na missão desta ordem a partir das primeiras décadas do século XVIII, a formação de mestres e interpretes parece ter se tornado autônoma de quaisquer agentes europeus, sendo exclusivamente feita por agentes congueses.[90]

---

na construção do catolicismo centro-africano, século XVII. Anais do XXVI Simpósio Nacional de História. ANPUH. São Paulo, julho 2011.

89 Reginaldo, Lucilene. *Os Rosarios dos Angolas. Irmandades de africanos e crioulos na Bahia Setecentista.* São Paulo. Alameda 2011, p. 40-51.

90 Viagem e missão no Congo de Frei Rafael Castelo de Vide, fl. 207.

Este argumento contrapõe-nos uma interpretação recorrente na historiografia, presente nos trabalhos de Custódio Gonçalves[91] e Balandier[92] (dentre outros trabalhos anteriores), que defendem que a difusão dos saberes (linguísticos e religiosos) originalmente portugueses ao longo da história do Congo teriam sido resultantes de empreitadas portuguesas para "aculturação" ou "europeização" das elites conguesas, suposta ponta de lança do processo de dominação colonial lusa.[93] A autonomia na formação dos mestres catequistas detida pelas elites do Congo a partir do século XVIII aponta para a conclusão oposta, que será aprofundada em breve.

Mestres e intérpretes de papéis diversos na condução dos rituais no Congo. Infelizmente, as fontes não se detêm sobre as particularidades no trabalho de cada um deles, que por razões óbvias, obscurece a agência dos operadores congueses frente ao missionário. Os textos revelam basicamente aquilo que a distinção lógica seria capaz de fazer: aos mestres cabia ensinar e, aos intérpretes, acompanhar os padres, em tese "traduzir" e "interpretar" a liturgia e a comunicação entre o padre e os congueses. Uma leitura panorâmica nos levaria a conclusões esquemáticas sobre os papéis ocupados por cada um destes tradicionalmente, segundo os quais o padre ocuparia a posição central de "cérebro" da missão, enquanto intérpretes e mestres "braços" em sua função de divulgar e traduzir.

---

91 Gonçalves, A. C. *História revisitada do Kongo e Angola*. Lisboa, Estampa Editorial, 2005.
92 Balandier, G. *Daily life in the Kingdosm of Kongo*. NY, Meridian books, 1969
93 Dentre eles: Van Wing: *Études Bakongo*. 1921; Jean Cuvelier: *L'Ancien Royaume de Congo*. Bruxelas, 1946 e Randles: *L'ancien royaume du Congo*. Paris, 1968.

Se dispuséssemos apenas dos relatórios dos franciscanos Cherubino de Savona e Rafael de Vide, devido à postura tolerante e idealista de ambos (sempre preocupados em maquiar conflitos para seus interlocutores), poderíamos cair na armadilha desta conclusão mais simplistas. Porém, diante da ortodoxia crítica (e do senso de superioridade) de Raimundo Dicomano em relação ao clero local, recebemos diferentes impressões:

> Quando se lhes explica e se lhes inculca a verdadeira ideia dos santos mistérios e dos preceitos de Deus e da Igreja não fazem caso, e muitas vezes respondem não serem esses os costumes e as leis do Congo, e que, por o Padre ser novo, não está bem instruído nas suas leis. Além disso, os próprios intérpretes de que é necessário servir-se, não se atrevem a repetir aquilo que o Padre diz contra os seus costumes, sendo mucano [delito que incorria no pagamento de multa] para os intérpretes contradizer o que é feito universalmente por todos, porque dizem que o intérprete não deve dizer ao Padre o que fazem, e se o fazem, são castigados, (…) assim que falta o Padre, fazem-lhe pagar o mucano.[94]

Este relato valioso de Frei Raimundo traz elementos de nosso profundo interesse. Primeiramente, notamos um deslocamento da centralidade da agência ritual católica para os mestres e intérpretes frente ao clérigo europeu. É evidente que a presença do missionário era essencial enquanto emissário

---

94 Correa, Arlindo. Informação o reino do Congo por Raimundo Dicomano (…), p. 6.

de significativo poder simbólico e religioso, uma vez que diversos sacramentos e rituais tinham sua condução restrita ao trabalho dos missionários. Porém, no tocante à condução do ritual e às matérias mais práticas, os intérpretes parecem ganhar proeminência.

O papel do intérprete parecia não se restringir tarefa da tradução da doutrina emanada dos padres, adaptando-a para a recepção dos seus conterrâneos. A adaptação ocorria, especialmente em sentido oposto, fazendo com que o missionário europeu se acomodasse (ou permanecesse ignorante) aos costumes da tradição conguesa e que cumprisse sua função ritual como um *nganga* de altíssimo poder.

De acordo com dos padrões da regra eclesiástica, caberia ao missionário o papel de "direção" dos sacramentos mediante aos atores de tarefas mais assistentes. Notamos, entretanto, que no caso do relato de Dicomano, o ritual era dirigido pelo interprete, verdadeiro conhecedor dos "costumes e as leis do Congo", que cumpria a função de adaptar o discurso do padre de acordo com "aquilo que é feito universalmente por todos". Este dado evidencia que o compromisso do intérprete em seguir os preceitos locais em detrimento dos preceitos europeus constituía-se como regra estabelecida entre os congueses na ocasião, oculta apenas ao padre. O descumprimento deste implicava no pagamento de *mucano*, o que desvela o valor normativo desta divisão de papéis. É interessante notar as artimanhas conguesas para iludir o padre e garantir que não tomasse conhecimento deste acordo, comunicado através de códigos próprios e da língua local, o que distanciava o missionário da agência ritual.

O mesmo parece valer para os mestres de igreja. Estes exerciam uma função importante na transmissão dos saberes ligados aos rituais católicos. Nas missões, enquanto padres e intérpretes cuidavam dos sacramentos, os mestres pareciam ter o papel de ensinar cânticos, ritos, comportamentos e preceitos. Frei Rafael descreve o repertório ritual conguês: "cânticos", "ladainhas" ou "rosários" proferidos em quase todo o território e ensinados pelos mestres. São citados principalmente cânticos para Sto. Antônio e S. Francisco. A proeminência absoluta, porém, era de louvações a Nossa Senhora. Estas "ladainhas" (como são comumente descritas) eram difusas por muitas regiões no período, entoadas em situações distintas: recepção da comitiva de missão, missas, ritos fúnebres, dentre outras.[95]

Frei Rafael compartilhava com os congueses esta devoção e abastecia-os com imagens e insígnias para a louvação da virgem:

> À noite se ajuntou o Povo a cantar o Terço de Maria SS.ma na sua língua, e a Ladainha como se costuma, a que nós assistimos, animando-os nesta santa Devoção; para o que lhe pus diante uma devota e perfeita imagem de Nossa Senhora da Conceição, que trazia na minha companhia, que eles não se saciavam de ver, porque não tinham no seu pobre oratório mais do que uma pouco perfeita imagem do N. P. S. Francisco, e advertia aqui, e para diante serem estes Povos devotos de Nossa Senhora, pois lhes ouvia de noite, e muitas vezes de madrugada, entoar os seus louvores, os

---

95 Viagem e missão no Congo de Frei Rafael Castelo de Vide, fl. 25-33.

quais eu muitas vezes acompanhava animando-os com algumas práticas.⁹⁶

O uso do quicongo parece ter sido hegemônico nos cânticos rituais no período da segunda metade do século XVIII. Em espaças oportunidades, são descritas cantorias em latim, que ocorriam por iniciativa do missionário. O ensinamento do repertório ritual mais difundido, em língua local, era feito pelos mestres.⁹⁷

Frei Rafael reconheceu os cânticos de louvação à Virgem em quicongo, e não hesitou em aprendê-las com os mestres e reproduzi-las à maneira conguesa:

> Em obséquio desta mesma Senhora Mãe de Deus, e dos pecadores, e nossa particular protectora, faço celebrar todos os sábados em louvor da sua Imaculada Conceição, cantando o Povo o seu Rosário na Igreja; logo eu, revestido de capa de asperges, que a temos preciosa, levanto a Salve na mesma língua do Congo, e a canto com o Povo a seu modo.⁹⁸

Essa postura de frei Rafael permitiu uma troca de saberes com os mestres, absorvendo os exercícios rituais locais e oferecendo novas informações que ampliava o repertório dos mestres, como cânticos em latim:

---

96   Viagem e missão no Congo de Frei Rafael Castelo de Vide, fl. 32-33.
97   Correa, Arlindo. Informação o reino do Congo por Raimundo Dicomano (…), p. 6.
98   Viagem e missão no Congo de Frei Rafael Castelo de Vide, fl. 217.

Logo se segue a Missão, no fim a Ladainha cantada com a antífona Tota pulchra, que eu tenho ensinado aos Mestres, e discípulos, como também o hino de Santa Bárbara todos os dias para ser nossa advogada, em terra de tantas trovoadas; e a Antífona Stella Cœli, por causa da peste, que tem havido, o que já eles fazem sofrivelmente.[99]

Frei Dicomano, por sua vez, assumiu uma postura completamente diferente. Recusava-se a reconhecer a condução ritual local como válida e como consequência, travou constantes disputas pela exclusividade de seus preceitos europeus frente os modos locais. Como consequência, fora repreendido por mestres, que a partir de sua posição de autoridade, se dispunham inclusive a informá-lo:

> Porque cabe, dizem eles, aos Mestres e aos escravos idosos instruir bem o Missionário, e com minha grande aflição me foi dito muitas vezes que eu não estava bem instruído, quando os repreendia por estes preconceitos, e pela péssima vida que levavam.[100]

A autossuficiência dos mestres em relação aos missionários (esparsos no período) deve ter colaborado para a difusão dos rituais e ensinamentos com características próprias e soberanas frente à regra eclesiástica. Os vínculos de dependência estavam estabelecidos com as elites locais (em muitas

---

99 Viagem e missão no Congo de Frei Rafael Castelo de Vide, fl. 217.
100 Correa, Arlindo. *Informação o reino do Congo por Raimundo Dicomano* (...), p 6.

localidades), que os sustentavam. Como, por exemplo, o caso do marquês de Mbamba informado por Savona:

> (...) e ele mantém sempre a igreja de pedra e terra e todos os sábados convoca seus vassalos mais próximos a recitarem a doutrina e santo rosário e mantém um mestre que é capaz de ensiná-la. É um bom príncipe católico e se chama D Alvaro Agua Rosada Romano Leite(...)[101]

Em *Mbanza Congo*, na ultima década do século XVIII, Dicomano nos informa sobre *"o costume na Cidade de Mbanza Congo de cantar as Ladainhas de Nossa Senhora, porque estão vivos ainda alguns Mestres antigos e uma mulher de idade que lhes paga"*.[102] Em geral, estes mestres e interpretes parecem ter origem nas elites políticas conguesas; em muitos casos os próprios chefes de mbanzas ou províncias eram também mestres ou intérpretes, o que ocorria em geral nas localidades com maior ligação com a tradição política do antigo reino: Soyo, Mpinda, Mucondo, Quibango, Mbamba Congo e Luvota. Esses títulos vinculados à tradição cristã eram, evidentemente, ferramentas de legitimidade política, e acreditamos ter sido este seu significado essencial.[103]

---

101 Tradução livre: " (...) e Lui mantiene sempre la Chiesa di Pietra, e terra, e tutti li sabati, e feste fà convocare suoi vassali più vicini, a recitare la Dottrina, e Santo Rosario, e mantiene a sue spese maestri capaci per insegnarla, e la fà da buon Principe Cattolico, e si chiama D. Alvaro Agua Rosada Romano Leite (...)". Toso, Carlo. Relazioni inedite di P. Cherubino Cassinis da Savona sul *Regno del Congo e sue Missioni*, p. 210.

102 Exemplos em Viagem e missão no Congo de Frei Rafael Castelo de Vide, hoje bispo de São Tomé (1798). Academia das Ciências de Lisboa, MS Vermelho 296, fl. 35, 53 e 135.

103 Correa, Arlindo. *Informação o reino do Congo por Raimundo Dicomano* (...), p. 4-5.

Diante desta análise das fontes do período, observamos a primazia da agência conguesa, através de seus especialistas rituais, no processo de catequese e nas práticas rituais católicas. Estes operadores rituais locais eram sustentados por membros das elites (e originários da mesma) conferindo aos que acessavam aos rituais alta distinção social. Da mesma maneira que a prática matrimonial cristã (em seu sentido europeu, incompatível à organização familiar centro-africana) funcionava como elemento de legitimação do poder político da muana Congo, detendo sentido essencialmente político, uma vez que agregava um novo título e rememorava a tradição do Congo centralizado de outrora.

A autonomia das práticas sacramentais frente ao catolicismo europeu era naturalmente consequência da soberania das elites conguesas sobre o próprio território no período e dos interesses envolvidos em rememorar a tradição política por parte da muana Congo. Parece-nos impertinente um enquadramento historiográfico destas práticas sacramentais e seus agentes locais em uma perspectiva da expansão da Igreja católica ou do poderio de expansão do império português (portanto luso ou cristocentrica) para o Congo pós-restauração. Era aos interesses dos próprios congueses (ao menos da muana Congo) que serviam as práticas cristãs. Portanto, somente a perspectiva que privilegia a agência histórica local tem potencial para revelar as particularidades e complexidades deste período indelével da história do Congo.

Escrita, língua portuguesa e poder político

Além do domínio da ritualística religiosa, outro saber diretamente vinculado à legitimidade e práticas do poder no Congo pós-restauração foi a escrita da língua portuguesa. Frei Rafael cita mais de uma dezena de cartas que recebeu de membros das elites locais (e mais outras tantas do Mani Congo).[104] Em geral, eram correspondência que pediam a presença do padre para atender à muana Congo na realização de algum sacramento específico (principalmente funerais e matrimônio, os mais praticados entre as elites), ou para auxílio na construção de igrejas.[105]

Em outros casos cartas de teor político reivindicavam apoio dos missionários, ou denunciavam a ilegitimidade de rivais, como ocorreu em duas ocasiões já citadas. A primeira destas foi recebida em 1781 na qual os quimpanzo de Luvota (que no período ocupavam S. Salvador) reclamavam a ilegitimidade da eleição de D. José I e pediam para que Frei Rafael abandonasse os quinlaza.[106] A segunda crise ocorreu no embate entre o próprio rei Antônio II e o padre a respeito da atuação dos vilis na capital e da injúria de Bua Lau (o já citado "cachorro doido"). Neste caso o padre recebeu cartas de apoio, criticando o novo reinado dos soberanos de Soyo e de Quibango.[107]

---

104 Exemplos em Frei Rafael Castello de Vide. Viagem e missão no Congo, p. 63, 80, 83, 117, 174, 198, 233, 258, 287, 296.
105 Toso, Carlo. Relazioni inedite di P. Cherubino Cassinis da Savona sul *Regno del Congo e sue Missioni*, p. 211.
106 Frei Rafael Castello de vide. Viagem e missão no Congo, p. 80, 83.
107 Frei Rafael Castello de Vide. Viagem e missão no Congo, p. 293-296.

Vimos no capítulo anterior como o rei do Congo utilizava as correspondências como meio de controlar a circulação dos padres pelo interior. O soberano recebia constantemente informações sobre o paradeiro da comitiva da missão (provavelmente reportada por intérpretes e mestres) e quando era de seu interesse pedia para que mudassem os rumos, ou retornassem a S. Salvador.

Frei Rafael também lançou mão da escrita, em inúmeras situações nas quais necessitava de algum auxilio de nobres locais, sobretudo durante as viagens para o interior. Isso ocorria em casos de percalços gerais, doenças,[108] travessia de rios,[109] carência de alimentos,[110] ou simplesmente pra anunciar a data de sua chegada.[111] Os que recebiam tais correspondências eram membros da Muana Congo da confiança de Frei Rafael: em geral seus compadres, afilhados, mestres ou cavaleiros de Cristo.[112]

Além dos muana Congo que liam e escreviam, existiam alguns que dispunham de secretários profissionais para escrever cartas. Mesmo alguns infantes que dominavam a escrita poderiam dispor destes altos funcionários: eles próprios membros das altas elites. Infelizmente, não conseguimos precisar a recorrência destes funcionários como escreventes frente os próprios infantes. É certo que os reis sempre dispunham

---

108 A um capitão da igreja de Mbamba: Frei Rafael Castello de Vide. Viagem e missão no Congo, p. 244.
109 Ao mesmo infante de Mbamba: Frei Rafael Castello de Vide. Viagem e missão no Congo, p. 244-245.
110 Frei Rafael Castello de Vide. Viagem e missão no Congo, p. 59.
111 Ao príncipe de Quibango: Frei Rafael Castello de Vide. Viagem e missão no Congo, p. 205.
112 Frei Rafael Castello de Vide. Viagem e missão no Congo, p. 205, 305 e 308.

de um ou mais secretários, e o mesmo deveria ocorrer com os dirigentes das principais províncias. Eles aparecem como membros importantes nas comitivas dos soberanos locais, ao lado dos mesmos.[113]

Frei Rafael descreve um interessante personagem, um secretário chamado D. Francisco de Vasconcelos, que trabalhava para D. Pedro "príncipe de Quimbago". Sobre este secretário encontramos informações privilegiadas:

> (...) do que se passou, falarei adiante: a carta do Infante, que era a resposta de outra, que eu lhe havia escrito prometendo-lhe ir à sua Banza que também já era resposta de outra que ele me tinha escrito pedindo-me isto mesmo, vai inclusa nestes papéis, e é letra de um seu secretário, que é um preto que estudou em Luanda para se ordenar, mas ao depois teve algum impedimento ou por morte de seu Pai, ou semelhante causa, e é a melhor pena e bom Português.[114]

Esta figura se destaca, pois o missionário decidiu incluir em seu relatório uma carta escrita por ele, em nome do príncipe que Quibango. A versão do documento que dispomos é uma cópia feita por Frei Vicente Salgado em 1794 e infelizmente não temos acesso à carta manuscrita do secretário, o que nos impossibilita de observar detalhes da ortografia e caligrafia. De qualquer forma, o documento pode ser interessante para compreendermos melhor e para desvendarmos o papel destes secretários.

---

113 Frei Rafael Castello de Vide. Viagem e missão no Congo, p. 207.
114 Frei Rafael Castello de Vide. Viagem e missão no Congo, p. 80, 83.

A carta pode ser dividida em duas partes. A primeira com a mensagem de seu "senhor" ao padre (provavelmente ditada por ele em português, por se tratar de um nobre de Quibango) e em seguida o secretário faz um adendo, com uma mensagem pessoal em seu próprio nome. É um documento muitíssimo precioso que será citado integralmente:

> Ao M. R. P. Vigário Geral do Congo, Fr. Rafael de Castello de Vide, a quem Deus guarde, m. a. Faço este meu escrito para mandar saber a sua saúde; sendo boa, eu folgarei muito, enquanto da minha estou bem pela misericórdia de Deus, ainda que misturado com muitas mortes da gente de Deus por esta grande peste, mas encomendamos a Deus todo poderoso, por ouvir a sua chegada a V. P. deste cume do Monte do Quibango, não posso calado assim sem mandar buscar a Sagrada Pessoa de V. P. pela vir, e nos dar os Santos documentos,[115] porque esta Igreja de Quibango é a vossa verdadeira Igreja, que edificou: os defuntos Padres eram seus irmãos; não posso fartar a seu, e amor desta Igreja: não largo mais: hoje, dia de Santo António de 1787, o seu filho espiritual, Dom Pedro agora R. da Sardónia, Príncipe de Quibango.

---

115 O texto manuscrito leva também o termo "documentos" onde parece caber a palavra "sacramentos", não sabemos se foi um erro do copista Frei Vicente, do próprio secretário ou se de fato desejava receber algum "sagrado documento", o que não é completamente improvável, uma vez que junto aos saberes da escrita e catequese havia também a circulação dos textos sagrados.

> O seu afilhado, Mestre, Secretário, D. Francisco
> de Vasconcellos mando beijar mil vezes as mãos
> de V. P., ainda que eu não estou bem, por cau-
> sa de minha doença antiga, também fico com
> grande nojamento por tantas mortes de meus
> parentes e filhos, e irmãos e sobrinhos, neste
> mesmo mês passado de Maio, mas tudo isto
> encomendei a Deus Nosso Senhor, porque tudo
> e quanto faz a Deus, é por nosso bem.[116]

É interessante notar que o secretário acumula elementos de legitimidade em sua apresentação: afilhado, Mestre e Secretário (além do próprio Dom e o nome em português). Parece ter sido comum a existência de secretários que também eram mestres, o que indica que a estes também cabia o ensino da escrita para membros das elites políticas. D. Francisco é um exemplo de secretário que estudou em Luanda, mas acreditamos existir no Congo do período, mecanismos de transmissão desses saberes, provavelmente através dos mesmos mestres, certamente não sendo dependentes das estruturas eclesiásticas lusas, como em períodos anteriores à restauração.

A historiadora portuguesa Catarina Madeira Santos publicou recentemente um profícuo trabalho que relaciona escrita e poder político no Ndembu, trerritório vizinho ao Congo que possui fortes ligações culturais e identitárias com este reino. O caso desta sociedade difere do Congo, pois a escrita foi introduzida num contexto de contratos de Vassalagem com Luanda ainda no século XVII, nos quais, os documentos escritos constituíam-se como elementos centrais, e por isso

---

116 Frei Rafael Castello de Vide. Viagem e missão no Congo, p. 308, 309.

tornavam-se também elementos de poder político. A autora investiga a incorporação da escrita como ferramenta de poder político e como uma "tecnologia" que reinventou a estrutura de poder de Ndembu, possibilitando certo grau de burocratização das estruturas políticas. A investigação da historiadora vai além e busca compreender como esta incorporação, além de gerar transformações políticas, transformou também a própria escrita. Além da função social e política da escrita, a pesquisa nos mostra como as estruturas lexicais, pontuação, ortografia e caligrafia foram reinventadas pelos africanos num contexto próprio e interesses particulares, gerando assim uma bricolagem linguística entre o português, quimbundo e quicongo. Após sua reinvenção, a escrita (segundo a autora) passou a exercer uma função específica no interior daquela sociedade. A troca de correspondências passou então a ser recorrente entre as elites locais e o ndembu (soberano) para atender demandas destas elites.[117]

No ndembu os secretários possuíam papel fundamental dentro da gramática de poder. Estes secretários eram bastante especializados, em geral estrangeiros (às vezes enviados por Luanda) formados na região do presídio de Ambaca, onde existia uma "escola" responsável pela formação de africanos (de maioria ambunda) ou mestiços nos saberes da leitura, escrita e religião. Estes "ambaquistas" (como eram chamados) eram bastante prestigiados nos territórios avassalados,

---

117 Santos, Catarina M. Écrire le pouvoir en Angola. Les archives ndembu (XVIIème-XXème siècles), Annales, Histoire Sciences Sociales, 64e année, n°4, p. 767-795.

ou naqueles que possuíam maior relação (mesmo que conflituosa) com Luanda.[118]

Infelizmente, não dispomos de nenhuma das inúmeras cartas escritas pelos congoleses das quais temos notícia pelo relato de Frei Rafael (com exceção da cópia citada e transcrições de cartas do Mani Congo D. José I). O Mani Congo não parece ter constituído um arquivo de estado, como fizeram os ndembu, e se o fez ele se perdeu. O trabalho de identificação e recolha destes documentos de autoria congolesa ainda está em aberto e abriria profícuo campo para o acesso à especificidade congolesa que perseguimos.

Porém, os instigantes resultados da pesquisa de Catarina Madeira Santos podem apontar alguns caminhos no debate sobre a escrita no reino do Congo. Primeiramente, notamos significativas diferenças do Congo com relação ao Ndembu, devido a suas particularidades históricas.

Ao contrário do Ndembu, o Congo foi absolutamente independente de Luanda até no mínimo meados do século XIX. Se no território Ndembu do século XVIII os tratados de vassalagem com Luanda eram essenciais para as estruturas internas de poder, no Congo isso não ocorreu. Lembremo-nos da interdição quase absoluta da circulação de portugueses e ambundos citada pelas nossas fontes e da estratégia da Coroa portuguesa na vinculação da missão com o retorno à parceria, que falhou.

Ora, isso por si só, permite que vislumbremos sentidos bastante diferentes da escrita no Congo, onde a troca de correspondências (desde Nzinga a Kuwu em 1491) foi um

---
118 Santos, Catarina M. Écrire le pouvoir en Angola, p. 767-772.

elemento importante que aproximava nações estrangeiras: inicialmente Portugal e mais tarde: Roma, holandeses, ingleses, e talvez espanhóis e franceses, entre outros.[119] No século XVIII, a importância da parceria com não-portugueses era bastante mais significativa para os reis do Congo. Por isso, desde períodos iniciais, a escrita no Congo sofreu uma naturalização entre as elites. Ao contrário das elites ndembu os muana Congo (em sua maioria) não pareciam dispor (tampouco necessitar) de secretários estrangeiros, os seus membros mais prestigiosos liam e escreviam o português. Isso se deu devido à longa tradição de letramento das elites congolesas iniciada com D. Afonso I, que passou pela presença jesuítica no XVI, capuchinha no XVII e parece ter se desenvolvido para uma significativa autonomia no XVIII. Além disso, segundo Jill Dias, os secretários formados em Ambaca possuíam uma marca indenitária "europeizada", vestindo-se e comportando-se nos moldes lusitanos, o que parece incompatível aos modos das elites congolesas no século XVIII.[120]

Segundo Catarina Madeira Santos, os portugueses eram, para o Ndembu, um "referencial do colonizador", uma vez que constituíam uma potencia comercial, política e referência em termos de literacia e burocratização do estado.[121]

O Congo foi, assim como Portugal, um estado politicamente imponente, no qual as elites lançavam mão da escrita

---

119 Caso da parceria com holandeses: Thornton, John K. e Mosterman, Andrea. A Reinterpretation of the Kongo-Portuguese War of 1622, p. 236-242. Caso da influência inglesa: Broadhead, Susan H. *Trade and Politics on the Congo coast*, p. 114.

120 Dias, Jill R. Novas identidades africanas em Angola no contexto do comércio atlântico, p. 326-339.

121 Santos, Catarina M. Écrire le pouvoir en Angola, p. 767-772.

há séculos. Catarina Madeira Santos não explorou a possibilidade de a escrita fazer referência também ao Congo para as elites ndembu. Mesmo assim cita correspondências entre o ndembu e o rei do Congo Alvaro XIII, em 1857, nas quais o Mani Congo aconselha o vizinho a abandonar a parceria com os portugueses, e promete uma intermediação com o rei inglês, definido como seu amigo. Além do mais, a ligação com " nosso soberano, e pai, Rei do Congo" é invocada pelos ndembu como argumento de defesa contra a sanha comercial portuguesa.[122] Ora, parece sugestivo que o Congo constituísse também um referencial em termos de escrita para os ndembus, e que o letramento desta elite abriria também possibilidade de comunicação com as elites vizinhas e poderosas do reino do Congo.

Não parece improvável que houvesse algum secretário congolês, ou formado no Congo, trabalhando para o ndembu, visto a parceria entre eles e a presença de um secretário congolês (chamado D. Calisto Zelotes dos Reis Magos) na mais longínqua (cultural e espacialmente) corte da rainha Nzinga no século XVII, segundo pesquisa de Marina de Mello e Souza.[123]

Em suma, para além destas especulações, a leitura do trabalho de Catarina Madeira Santos, e a observação do contexto da literacia no Congo, aponta para a existência de uma rede de comunicação escrita composta pelas elites locais centro-africanas

---

122 Santos, Catarina M. Écrire le pouvoir en Angola, p. 770-772.

123 Souza, Marina de Mello e. *Missionários e mestres na construção do catolicismo centro-africano, século XVII.* Anais do XXVI Simpósio Nacional de História. ANPUH. São Paulo, julho 2011.

que, ao menos no Congo e ndembu, funcionava de forma absolutamente autônoma e a partir de lógicas próprias.

Neste capítulo apresentamos a organização provincial, discorrendo sobre cada uma das principais províncias. Argumentamos que a organização política do Congo no período pós-restauração era extremamente complexa e constituía-se como uma unidade em novos termos, em relação a períodos anteriores. Mesmo que as práticas de sujeição das províncias não se dessem da mesma maneira que no período do poder centralizado, a rememoração deste período tornou-se elemento essencial para a identidade política conguesa. Por isso, mesmo permitindo diversos graus de autonomia e de especificidades regionais, o Congo continuou constituindo-se uma unidade política no período pós-restauração. O poder do rei era essencialmente simbólico e identitário, o que demonstra a importância que a identidade ligada ao reino do Congo assumia para as elites congolesas. As práticas rituais católicas entre as elites (como o casamento) nas províncias constituíam-se como elementos que ligavam os chefes locais à tradição e à identidade congolesa, o que conferia enorme legitimidade aos mesmos.

Além disso, a atuação dos especialistas congoleses nas práticas ligadas ao catolicismo, língua portuguesa e escrita: nlekes, mestres, intérpretes e secretários, neste contexto nos mostram que a agência africana constituiu-se como alicerce deste sistema político centrado numa identidade política congolesa.

Considerações Finais

Vimos no primeiro capítulo que a historiografia que se debruçou sobre o reino do Congo em períodos anteriores à restauração política realizada por Pedro IV em 1709 se dividiu em duas principais vertentes, que lançam mão de diferentes estratégias teórico-metodológicas para desvelar as especificidades da relação dos congoleses com o catolicismo. São duas diferentes perspectivas sobre a "africanização" do catolicismo no reino do Congo.

A primeira, influenciada pelos trabalhos antropológicos contemporâneos, (principalmente de MacGaffey) [1] destaca a ideia de "tradução" cultural. Ela se debruçou sobre a "cosmologia" dos bacongo contemporâneos e a partir dela oferece possíveis interpretações dos sentidos que os elementos católicos (originalmente europeus) teriam recebido no Congo. Devido ao uso de trabalhos de campo realizados por estudiosos preocupados em compreender as visões de mundo africanas, esta vertente teve acesso privilegiado ao "idioma original", através do qual, segundo estes estudiosos, houve constante reinterpretação dos termos católicos de origem europeia.[2]

---

1   Macgaffey, Wyatt. Dialogues of the deaf: Europeans on the Atlantic coast of Africa. 1996.

2   A primeira estudiosa a realizar tal abordagem histórico-cosmológca foi Anne Hilton: Hilton, Anne. The Kingdom of Kongo. 1985.

Uma segunda vertente, representada principalmente por Thornton, oferece maior resistência em utilizar trabalhos antropológicos, pois acredita que as fontes históricas seriam as vias privilegiadas na busca dos sentidos da incorporação do catolicismo. Para Thornton, o catolicismo integrou-se ao sistema religioso e político conguês durante as primeiras décadas de contato. Isso ocorreu, segundo ele, graças às semelhanças que os dois sistemas (culturais e políticos) apresentavam no início do século XVI. Essas similitudes possibilitaram a formação de um "catolicismo nacional", que possuía suas especificidades, porém compatível com os outros "catolicismos" europeus.[3] Em trabalho mais recente (juntamente com Heywood) Thornton denominou este catolicismo de "crioulo".[4]

Há, para esta vertente historiográfica, uma ideia de incorporação (e adaptação), pelos congoleses dos padrões europeus. Não se trata, porém, de uma incorporação que se deu por aculturação ou imposição de um lado ao outro. Para essa linha de interpretação, Portugal e Congo eram (no século XVI) muito semelhantes na estrutura política, em seu "desenvolvimento" econômico e em seu poderio militar. Portanto, para Thornton, a incorporação do catolicismo teria sido possibilitada por uma igualdade de condições e pelo interesse e agência das elites congolesas.

Nossa opção em debater estas escolas historiográficas no início da dissertação deveu-se à necessidade de explicitar as diferentes abordagens adotadas pelos estudiosos que trataram

---

3   Thornton J. K. The development of an african Catholic Church in the Kingdom of Kongo, p. 150-165.
4   Heywood, L e Thornton J. *Central African Creoles and The Foundation of the Americas*, p. 135-143.

da mesma região e de temas semelhantes aos aqui abordados. Porém, as especificidades do período de nosso recorte cronológico (quatro ultimas décadas do século XVIII) em relação aos períodos anteriores, nos obrigaram a buscar os sentidos "africanizados" do catolicismo por um viés de transformações históricas internas à própria lógica congolesa. Ao contrário do tempo dos primeiros contatos; no período pós-restauração a tradição da relação com os elementos católicos dizia respeito ao próprio Congo, e não mais a um sistema estrangeiro. Na data de chegada de Frei Cherubino de Savona: 1769, que marca o início de nossa cronologia, os elementos do catolicismo estavam presentes no Congo há quase trezentos anos, sofrendo e impondo diversas transformações.

Além disso, como mostramos no capítulo II, a relação entre Congo e Portugal era completamente diferente no século XVIII do contexto do século XVI (até meados do XVII). Vimos que a parceria privilegiada entre reinos irmãos havia se rompido nos âmbitos da fé e do comércio. No tocante ao catolicismo, desde meados do século XVII, após a transferência da diocese de Congo e Angola para Luanda e expulsão (definitiva) dos jesuítas, o Mani Congo passou a receber padres capuchinhos através de uma parceria direta com a Congregação da Propaganda Fide, ligada diretamente ao papado, política que foi fruto de uma dupla intenção (do Mani Congo e do Papa) em quebrar o monopólio lusitano sobre a missionação na região.

No plano econômico, a hegemonia portuguesa também fora perdida na costa centro-africana em meados do século XVII, pois presença de holandeses, ingleses e franceses tornou-se cada vez mais constante, sendo absolutamente hegemônica em portos congoleses no século XVIII. Como nos mostrou Broadhead: a fragmentação política e econômica do Congo e a presença de novas nações europeias foram fatores que se potencializaram mutuamente. A partir deste processo, passou a vigorar um novo sistema econômico extremamente fragmentado no qual mercadores de diversas nacionalidades europeias (protestantes em sua maioria) estabeleceram parcerias pontuais com chefes provinciais congoleses e grupos de mercadores africanos (como os vilis) que traziam escravos das feiras ao interior. Este sistema não se encontrava mais submetido ao controle direto do Mani Congo e tampouco dos portugueses. Em novo contexto pós-restauração, portanto, esvaziou-se de sentido o binômio: parceria na fé / parceria no comércio, que marcou a relação entre Congo e Portugal no período de centralização do poder, essencial para a compreensão dos sentidos do catolicismo no Congo em períodos iniciais.

No âmbito da política interna, as especificidades no período em questão são muitas. O poder do Mani Congo foi restaurado em 1709, mas gerou uma nova lógica. O rei já não podia mais recuperar a ascendência tributária e militar sobre as chefaturas locais. Por isso, o pertencimento a esse novo sistema político passou a ser cimentado pela identidade ligada à tradição do poder centralizado. Esta identidade dizia respeito (em alguns casos) à ancestralidade comum do fundador mítico Lukeni dia Nimi, mas essencialmente dizia respeito ao "refundador" (ou novo fundador) do sistema político no Congo: D. Afonso I Mvemba a Nzinga. Como argumentamos ao longo deste trabalho, D. Afonso tornou-se ao longo do século XVIII, o principal referencial de identidade e da organização política no Congo.

Expusemos no capítulo III que a legítima eleição do rei, assim como o usufruto dos títulos de marquês, príncipe e duque pelos regentes locais eram direitos exclusivos dos descendentes diretos de D. Afonso I, que compunham a chamada muana Congo. Ser muana Congo ("infante" ou "infanta") era o principal critério de legitimidade política para as elites no período, mesmo em províncias distantes e formalmente autônomas. Vimos também que os elementos do catolicismo foram essenciais para que os membros da muana Congo ritualizassem cotidianamente sua pertença a esta classe política. Esta ocorria através da presença do padre, mestres, intérpretes e secretários nos territórios onde moravam as elites; pelo sacramento do batismo dado aos súditos dos infantes; pelo casamento de um muana Congo com uma de suas mulheres; pelo conhecimento de um infante da língua portuguesa e dos saberes ligados ao cristianismo; pela celebração de missas nos territórios destes soberanos, dentre outros.

Assim como nos períodos dos primeiros contatos entre congoleses e portugueses, os missionários europeus continuaram a ser importantes dentro do sistema político-religioso. Porém, no contexto pós-restauração este papel encontrava-se reinventado. Após a escassa presença de missionários durante todo o século XVIII, os especialistas católicos locais (mestres, intérpretes e nlekes) passaram a ocupar lugar de maior centralidade na celebração sacramental, o que fez crescer o grau de autonomia da ritualística e dos saberes católicos em relação aos missionários europeus, como apresentamos no quarto capítulo.

Além disso, o Mani Congo assumira, após a restauração do poder, postura mais reguladora em relação aos missionários. Em contextos anteriores, como no início do século XVIII (pouco antes da restauração política) Pedro IV Nessamo a Mbandu dependia dos capuchinhos presentes no Congo para legitimar-se, uma vez que o apoio dos padres era essencial no contexto interno para que o Nessamo fosse capaz "costurar" alianças políticas, afirmar-se rei do Congo e finalmente se estabelecer na capital S. Salvador. Por isso, o (então candidato a) rei via-se obrigado a fazer concessões aos religiosos, que por isso gozavam de maior autonomia. Estes capuchinhos mais ortodoxos visavam controlar a execução dos rituais católicos e reprimir quaisquer práticas que não fossem cristãs.

Após a restauração e a implementação do sistema rotativo entre as *makanda* quimpanzo e quinlaza, iniciou-se um período de maior estabilidade e o Mani Congo voltou a figurar como principal autoridade (simbólica). Neste contexto os padres europeus continuaram a gozar de grande prestígio, porém perderam autonomia em relação ao rei. Debatemos no capítulo 3 que nas últimas décadas do século XVIII os padres encontravam-se tolhidos pelo Mani Congo e se submetiam a ele numa relação de dependência de caráter africano, diferentemente do tipo de vínculo que possuíam em seus reinos católicos natais. Ainda sobre a autonomia missionária, observamos no capítulo 3, como os especialistas rituais locais (principalmente mestres e intérpretes) lançavam mão de estratégias para centralizar as práticas ritualísticas cristãs por eles adaptadas, para que o padre se submetesse às praticas que se tornaram costumeiras e características do Congo.

As especificidades históricas do período pós-restauração nos impuseram um olhar privilegiado para as transformações. Concluímos que o complexo sistema político congolês constituiu uma unidade política entre as províncias que já não dispunha mais dos alicerces de períodos de centralização. Por este motivo, a identidade política comum tornou-se dependente da lembrança (e ritualização) de um passado "glorioso" e dos ancestrais que lá viveram. Como é característico do conceito de tempo "mítico" africano, o presente tornou-se um exercício de repetição e rememoração do passado ancestral, num processo que necessitava mutuamente do presente e do passado, dos viventes e dos ancestrais. No Congo, os elementos do catolicismo cumpriram, de acordo com o que esta pesquisa pretendeu mostrar, o papel de "ponte" entre a tradição e a inovação política.

Susan Herlin Broadhead, em sua tese sobre o Congo nos séculos XVIII e XIX, privilegiou um olhar para o comércio como fator para compreender a estrutura política. Apesar desta autora ter admitido a importância do catolicismo para manutenção da identidade congolesa no período, ela decidiu priorizar os fatores econômicos em sua análise. Devido ao vínculo que estabelece entre comércio e política, seu trabalho conclui que a política congolesa se fracionou em pequenas chefaturas ligadas ao tráfico de escravos ("broker states") e que mesmo mantendo uma identidade comum, o Congo fragmentou-se politicamente.[5]

O olhar privilegiado para os elementos do catolicismo como ferramenta política nos permitiu vislumbrar um sistema de poder que, após a restauração em 1709, voltou a ser

---

5   Broadhead, Susan H. *Trade and Politics on the Congo coast*, p. 53-60.

unificado em torno do Mani Congo. O fator econômico perdeu centralidade como mantenedor da unidade política (uma vez que ocorreu a fragmentação comercial) e deu maior espaço aos fatores simbólicos e identitários ligados à tradição política dos tempos de centralização. Ao elencarmos o fator simbólico--identitário como referência para a análise histórica, concluímos que não houve fragmentação (em sentido absoluto) da antiga unidade política, tampouco enfraquecimento da relação entre S. Salvador e as províncias. Pelo contrário, a unidade se manteve e se fortaleceu sob novas bases, fundando um novo paradigma político. Esse processo evidencia o caráter fluido e complexo da organização política do reino do Congo, que sobreviveu por quatro séculos às muitas transformações históricas, ancorando-se simultaneamente na tradição e na inovação.

Bibliografia

Alencastro, Luis Felipe de. *O Trato dos Viventes*: formação do Brasil no Antlântico Sul, séculos XVI e XVII. São Paulo, Cia das Letras, 2000.

Balandier, G. *Daily life in the Kingdom of Kongo*. Nova Iorque, Meridian books, 1969.

Broadhead, Susan H. *Trade and Politics on the Congo coast*. 1790-1890. Phd Thesis. Boston University. 1971

_____. Beyond Decline: The Kingdom of the Kongo in the Eighteenth and Nineteenth Centuries. *The International Journal of African Historical Studies*, Vol. 12, No. 4. Boston, Boston University African Studies Center, 1979. p. 615- 650

Coquery-Vidrovitch, Catherine. De La periodisation em Histoire africaine. Peut-on l'envisager? À quoi sert-elle?. *Afrique & Histoire*, 2004/1, v. 2. p. 31-65.

Cuvelier, Jean *L'Ancién Royaume de Congo*, Bruxelas, 1946

_____. *Nkutama amnvila za makanda*, Tumba, Congo, 1934.

Dias, Jill R. Novas identidades africanas em Angola no contexto do comércio atlântico. In: Bastos, Cristina; Almeira, Miguel e Feldmer-Bianco, Bela (orgs). *Trânsitos Coloniais. Diálogos Críticos Luso-Brasileiros*. Campinas. Ed. Unicamp, 2009, p. 315-396.

Ferronha, António Luís Alves. *Cartas de D. Afonso Rei do Congo*. Lisboa. Comissão pela Comemoração dos Descobrimentos Portugueses, 2000.

Fomont, Cecile A. *Under the Sign of the Cross in the Kingdom of Kongo: Shaping Images and Molding Faith in Early Modern Central Africa*. Phd thesis. Cambridge, Harvard University. 2008.

Fu-Kiau Kia Bunseki-Lumanisa. N'kongo Ye Nza Yakun'zingidila, Nza Kongo. Le Mukongo et Le Monde qui l'entourait. Cosmogonie-Kongo. Office National de La Recherche et Developpement. Kinshasa. 1979.

Gonçalves, Rosana A. *África Indômita. Missionários Capuchinhos no Reino do Congo (século XVII)*. Dissertação de mestrado em História Social. Universidade de São Paulo, São Paulo, 2008.

Heywood, Linda(org) *Central Africans and Cultural Transformations in the American Diaspora*. Cambridge, Cambridge University press, 2002.

Heywood, Linda e Thornton J. K. *Central African Creoles and the Foundation of the Americas, 1585-1660*. Cambridge, Cambridge University Press, 2007.

Hilton, Anne. *The kingdom of Kongo*. Oxford University Press. 1985

_____. Reviewed work: La symbolisation politique. Le 'prophetisme' Kongo au XVIIIeme siecle. *The Journal of African History*, Vol. 26, No. 4. Cambridge, Cambridge University Press, 1985, p. 439-439.

Levi-Strauss, Claude. *As estruturas elementares do parentesco*. Petrópolis, Vozes, 1982.

_____. *O pensamento Selvagem*. São Paulo, Papirus, 2008

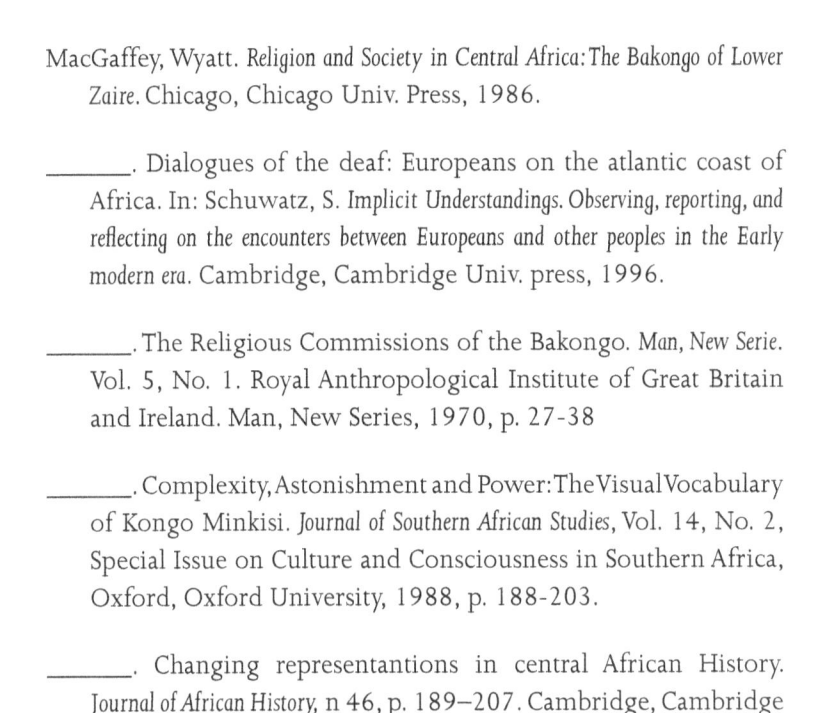

MacGaffey, Wyatt. *Religion and Society in Central Africa:The Bakongo of Lower Zaire*. Chicago, Chicago Univ. Press, 1986.

_____. Dialogues of the deaf: Europeans on the atlantic coast of Africa. In: Schuwatz, S. *Implicit Understandings. Observing, reporting, and reflecting on the encounters between Europeans and other peoples in the Early modern era*. Cambridge, Cambridge Univ. press, 1996.

_____. The Religious Commissions of the Bakongo. *Man, New Serie*. Vol. 5, No. 1. Royal Anthropological Institute of Great Britain and Ireland. Man, New Series, 1970, p. 27-38

_____. Complexity, Astonishment and Power:TheVisualVocabulary of Kongo Minkisi. *Journal of Southern African Studies*, Vol. 14, No. 2, Special Issue on Culture and Consciousness in Southern Africa, Oxford, Oxford University, 1988, p. 188-203.

_____. Changing representantions in central African History. *Journal of African History*, n 46, p. 189–207. Cambridge, Cambridge Univ. Press, 2005

M'Bokolo, Elikia. *África Negra: História e Civilizações-Tomo I- Até o século XVIII*. São Paulo, Edufba/ Casa das Áfricas, 2009.

Randles, W. G. L. *L'ancién royaume du Congo*, Paris, 1968.

Reginaldo, Lucilene. *Os Rosarios dos Angolas. Irmandades de africanos e crioulos na Bahia Setecentista*. São Paulo, Alameda, 2011.

Santos, Catarina M. Écrire le pouvoir en Angola. Les archives ndembu (XVIIème-XXème siècles). Annales, Histoire Sciences Sociales, 64e année, n°4. Paris, p. 767-795.

Sapede, Thiago C. Negócio e fé: missão católica e tráfico de escravos no reino do Congo. 1777-1796. In: Alexandre Vieira Ribeiro e

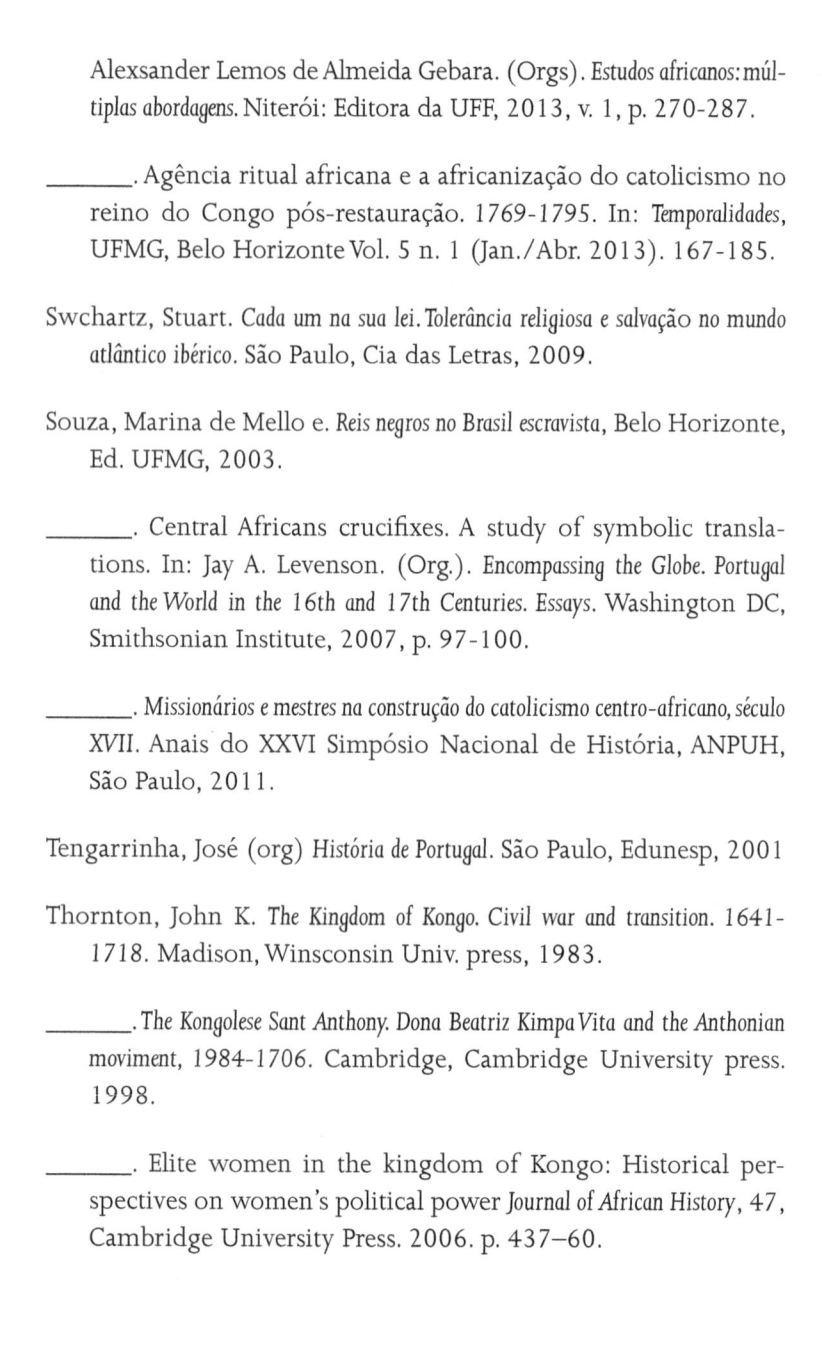

Alexsander Lemos de Almeida Gebara. (Orgs). *Estudos africanos: múltiplas abordagens*. Niterói: Editora da UFF, 2013, v. 1, p. 270-287.

_____. Agência ritual africana e a africanização do catolicismo no reino do Congo pós-restauração. 1769-1795. In: *Temporalidades*, UFMG, Belo Horizonte Vol. 5 n. 1 (Jan./Abr. 2013). 167-185.

Swchartz, Stuart. *Cada um na sua lei. Tolerância religiosa e salvação no mundo atlântico ibérico*. São Paulo, Cia das Letras, 2009.

Souza, Marina de Mello e. *Reis negros no Brasil escravista*, Belo Horizonte, Ed. UFMG, 2003.

_____. Central Africans crucifixes. A study of symbolic translations. In: Jay A. Levenson. (Org.). *Encompassing the Globe. Portugal and the World in the 16th and 17th Centuries. Essays*. Washington DC, Smithsonian Institute, 2007, p. 97-100.

_____. *Missionários e mestres na construção do catolicismo centro-africano, século XVII*. Anais do XXVI Simpósio Nacional de História, ANPUH, São Paulo, 2011.

Tengarrinha, José (org) *História de Portugal*. São Paulo, Edunesp, 2001

Thornton, John K. *The Kingdom of Kongo. Civil war and transition*. 1641-1718. Madison, Winsconsin Univ. press, 1983.

_____. *The Kongolese Sant Anthony. Dona Beatriz Kimpa Vita and the Anthonian moviment*, 1984-1706. Cambridge, Cambridge University press. 1998.

_____. Elite women in the kingdom of Kongo: Historical perspectives on women's political power *Journal of African History*, 47, Cambridge University Press. 2006. p. 437–60.

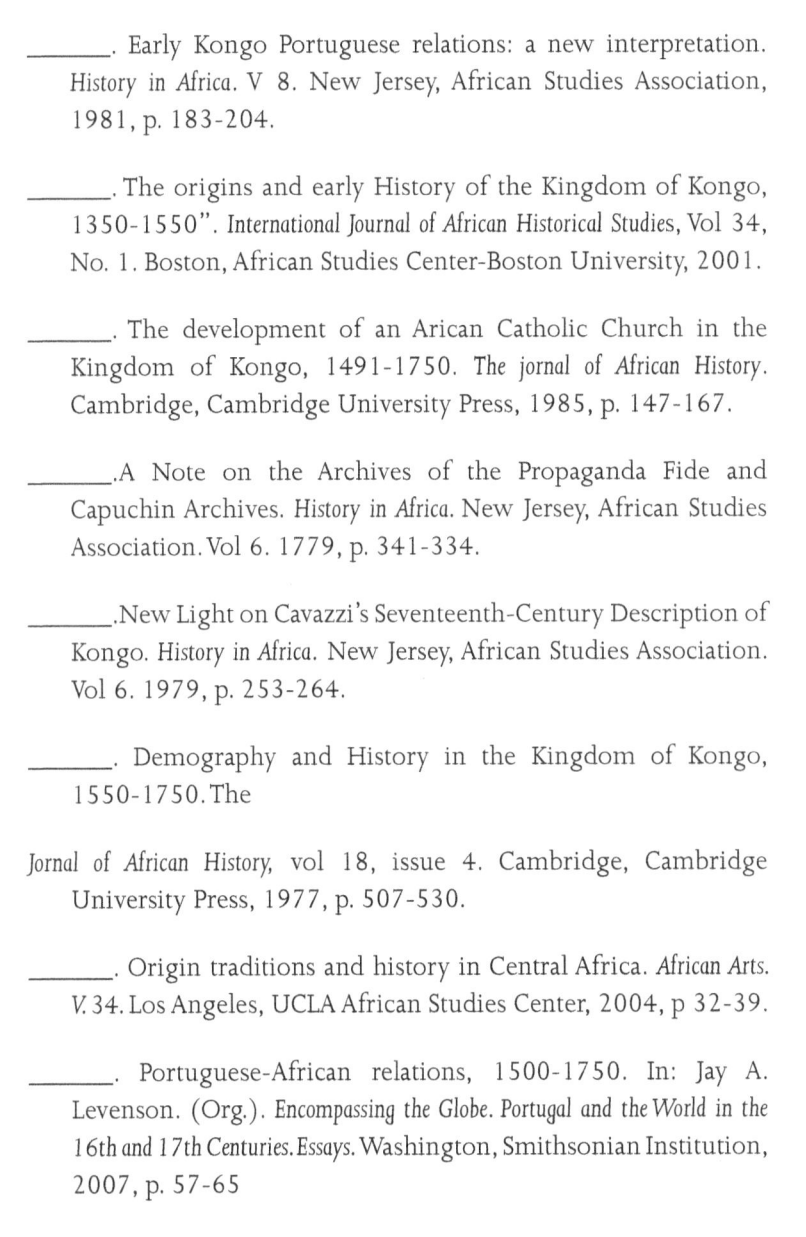

_____. Early Kongo Portuguese relations: a new interpretation. *History in Africa*. V 8. New Jersey, African Studies Association, 1981, p. 183-204.

_____. The origins and early History of the Kingdom of Kongo, 1350-1550". *International Journal of African Historical Studies*, Vol 34, No. 1. Boston, African Studies Center-Boston University, 2001.

_____. The development of an Arican Catholic Church in the Kingdom of Kongo, 1491-1750. *The jornal of African History*. Cambridge, Cambridge University Press, 1985, p. 147-167.

_____.A Note on the Archives of the Propaganda Fide and Capuchin Archives. *History in Africa*. New Jersey, African Studies Association. Vol 6. 1779, p. 341-334.

_____.New Light on Cavazzi's Seventeenth-Century Description of Kongo. *History in Africa*. New Jersey, African Studies Association. Vol 6. 1979, p. 253-264.

_____. Demography and History in the Kingdom of Kongo, 1550-1750. The

Jornal of African History, vol 18, issue 4. Cambridge, Cambridge University Press, 1977, p. 507-530.

_____. Origin traditions and history in Central Africa. *African Arts*. V. 34. Los Angeles, UCLA African Studies Center, 2004, p 32-39.

_____. Portuguese-African relations, 1500-1750. In: Jay A. Levenson. (Org.). *Encompassing the Globe. Portugal and the World in the 16th and 17th Centuries. Essays*. Washington, Smithsonian Institution, 2007, p. 57-65

Van Wing, Joseph: *Etudes Bakongo*. s/e. Bruxelas, 1921.

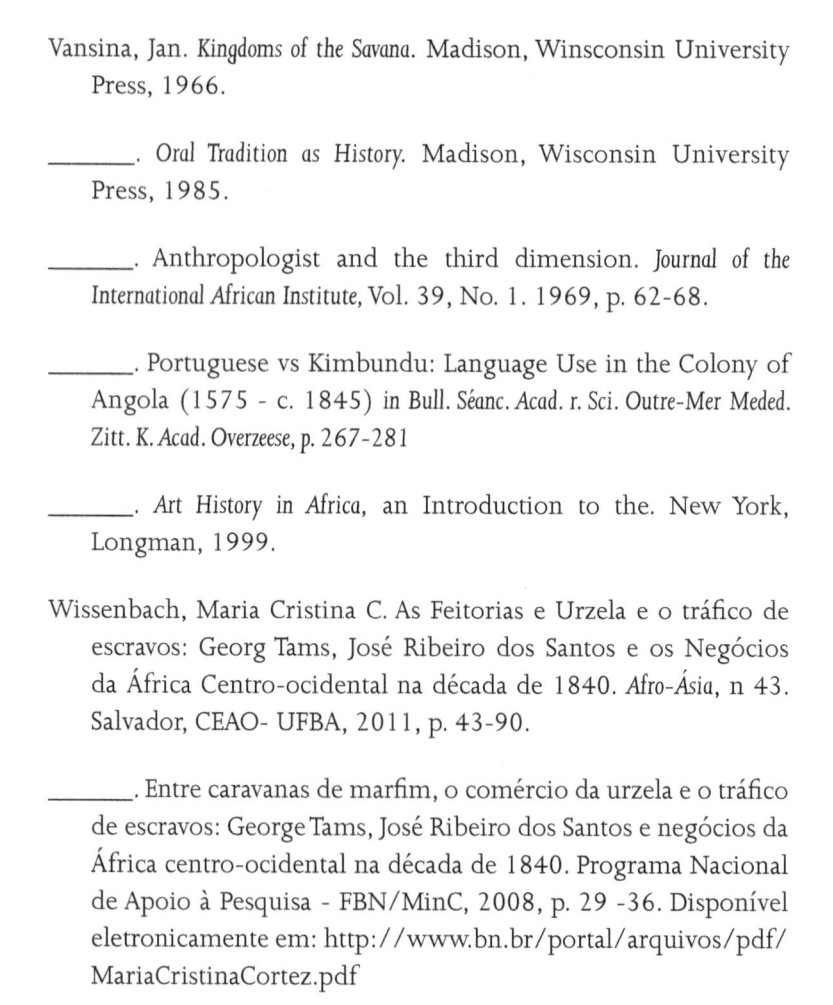

Vansina, Jan. *Kingdoms of the Savana*. Madison, Winsconsin University Press, 1966.

_____. *Oral Tradition as History*. Madison, Wisconsin University Press, 1985.

_____. Anthropologist and the third dimension. *Journal of the International African Institute*, Vol. 39, No. 1. 1969, p. 62-68.

_____. Portuguese vs Kimbundu: Language Use in the Colony of Angola (1575 - c. 1845) in *Bull. Séanc. Acad. r. Sci. Outre-Mer Meded. Zitt. K. Acad. Overzeese*, p. 267-281

_____. *Art History in Africa*, an Introduction to the. New York, Longman, 1999.

Wissenbach, Maria Cristina C. As Feitorias e Urzela e o tráfico de escravos: Georg Tams, José Ribeiro dos Santos e os Negócios da África Centro-ocidental na década de 1840. *Afro-Ásia*, n 43. Salvador, CEAO- UFBA, 2011, p. 43-90.

_____. Entre caravanas de marfim, o comércio da urzela e o tráfico de escravos: George Tams, José Ribeiro dos Santos e negócios da África centro-ocidental na década de 1840. Programa Nacional de Apoio à Pesquisa - FBN/MinC, 2008, p. 29 -36. Disponível eletronicamente em: http://www.bn.br/portal/arquivos/pdf/MariaCristinaCortez.pdf

Agradecimentos

O material deste livro é fruto da dissertação de mestrado defendida no programa de pós-graduação em História Social da FFLCH-USP em 2012. Por isso, as muitas pessoas que me ajudaram de diversas maneiras na realização da pesquisa de mestrado são também responsáveis por este livro. Porém, quaisquer erros ou imprecisões são evidentemente de responsabilidade do autor.

Esta pesquisa foi orientada pela Profa. Marina de Mello e Souza, a quem agradeço imensamente por ter sido sempre solícita desde as primeiras conversas (ainda na graduação) até as revisões finais da dissertação. Sua generosidade e dedicação na orientação desta pesquisa foram fatores decisivos para seus resultados e para minha formação, ainda em curso.

Gostaria de agradecer à Fundação de Amparo à Pesquisa do Estado de São Paulo pela concessão da bolsa de financiamento para esta pesquisa e pelo apoio à publicação deste trabalho.

À profa. Maria Cristina Wissenbach, pela participação no exame de qualificação, pela participação na banca de defesa e pela enriquecedora e generosa interlocução em diversas outras ocasiões. À Profa. Lucilene Reginaldo pela participalçao na banca de defesa, oferecendo preciosas indicações e correções. Ao prof. Carlos Zeron, pela participação no exame de qualificação e por ter sido uma importante referência no que diz respeito ao rigor metodológico no trato com as fontes históricas.

Aos muitos pesquisadores africanistas com os quais tive o privilégio do diálogo em eventos e encontros acadêmicos: Professore(as): Joseph Miller, Cecile Fromont, Paul Lovejoy, Paulo de Moraes Farias, Roquinaldo Ferreira, Catarina Madeira Santos, Jean-Michel Mabeko-Tali, Vanicéia Silva Santos, Alexandre Vieira Ribeiro, Muryatan Barbosa, Alexsander Gebara, Lia Laranjeira, Juliana Ribeiro, Rosana Gonçalves, Alexandre Marcussi, Mariana Fonseca, dentre outros. Aos colegas do Núcleo de Estudos de África, Colonialidade e Cultura Política e Revista Sankofa: Muryatan Barbosa, Eduardo Januário, Irinéia Franco, Flavio Francisco, Rodrigo Bonciani e Maria Rosa Ribeiro. Ao grande amigo e insigne medievalista teutônico Marcus Baccega.

Aos colegas e queridos amigos com quem trabalhei no Museu Afro Brasil, que me ensinaram, dentre muitas coisas, a importância dos estudos africanos e afro-brasileiros e da educação no combate às injustiças sob as quais este país está fundado.

Aos meus pais: Fábio, Carmen, pelo apoio irrestrito e incondicional em todas as etapas de minha formação. Aos meus irmãos Caio e Marina. À Nira, por toda a compreensão, amor e o suporte no plano de minha vida pessoal.

Por último (last but not least), gostaria de agradecer imensamente ao Prof. John Thornton: a quem meus agradecimentos nunca serão sufucientes. Pela concessão das cópias de (praticamente) todas as fontes históricas utilizada neste trabalho e mais tantas outras fontes secundárias; por ter me aceito como aluno na Universidade de Boston em 2008: ocasião na qual este projeto nasceu; e pelas dedicadas e inúmeraveis indicações e correções ao longo de toda a pesquisa. Sem a enorme generosidade do Prof. Thornton este trabalho não teria sido possível.

Esta obra foi impressa em São Paulo no outono de 2014. No texto foi utilizada a fonte Joanna MT em corpo 12 e entrelinha de 16 pontos.